Esoterik

Herausgegeben von Gerhard Riemann

Paco Rabanne wurde 1934 in San Sebastian im Baskenland geboren. 1964 erregte er mit seiner ersten Modekollektion in Paris größtes Aufsehen. Seither ist er mit seiner Firma »Paco Rabanne« und seinen Kreationen erfolgreich. Er erhielt zahlreiche Auszeichnungen und Ehrungen.

Dieses Buch wurde auf chlor- und säurefreiem Papier gedruckt.

Vollständige Taschenbuchausgabe April 1996
Copyright © Droemersche Verlagsanstalt Th. Knaur, München
Lizenzausgabe mit freundlicher Genehmigung
F.A. Herbig Verlagsbuchhandlung GmbH, München
Copyright © 1994 F.A. Herbig Verlagsbuchhandlung GmbH, München
Umschlaggestaltung: Peter F. Strauß
Druck und Bindung: Ebner Ulm
Printed in Germany
ISBN 3-426-86085-6

2 4 5 3 1

Paco Rabanne

DAS ENDE
UNSERER ZEIT

AUFBRUCH IN DAS
WASSERMANN-ZEITALTER

Prophezeiungen des
neuen Nostradamus

*Bei »Trajectoire« durfte ich zu meiner Freude mit Huguette Maure
und Olivier de Broca zusammenarbeiten.
Ich möchte den beiden nun für dieses neue Buch danken,
das voller Hingabe im Geiste meiner Inspiration
geschrieben worden ist.
Ich wünsche mir, daß wir drei in aller Bescheidenheit
unseren Weg der Erleuchtung fortsetzen werden.*

INHALT

Schreibe nun auf, was du sahest, sowohl was ist,
als auch, was geschehen wird hernach!

Es wird eine Zeit kommen, in der die Welt
den Menschen nicht mehr Gegenstand
der Bewunderung und der Ehrfurcht sein wird.

Die Phantasie ist die Königin des Wahren
und das Mögliche eine ihrer Provinzen.

Wissen ohne Gewissen ist nichts
als der Seele Ruin.

AN MEINE DEUTSCHEN LESER

Im Alter von sieben Jahren wurde ich unter besonderen Umständen in die Suche nach einem Wissen eingeführt, von dem später in den verschiedenen Schulen, die ich als Jugendlicher besuchte, niemals mehr die Rede sein sollte. Nie habe ich im Unterricht den Schauer der Erkenntnis verspürt, der mich bei meinen Astralreisen und Meditationen überkommt.

Durch meinen Wissensdrang und mein späteres Architekturstudium an der Pariser Kunstakademie sowie meine Beschäftigung mit alten Kulturen, ihrer Lebensweise, ihrer Architektur, ihren Symbolen und Religionen, wurde ich vermehrt zur Lektüre alter Schriften hingeführt. Vor allem beeindruckte mich dabei der mächtige Atem, der den Weissagungen innewohnt, so daß ich auf den Gedanken kam, die Prophezeiungen aller Zeiten zusammenzufassen:

– Religiöse Prophezeiungen: Weda, Bibel, Apokalypse des heiligen Johannes

– Außerreligiöse Prophezeiungen: Prémol, Nostradamus usw.

– Marienerscheinungen: La Salette, Fatima, Rue du Bac in Paris usw.

Sie alle decken sich auf bestürzende Weise.
Was heutige Wissenschaftler und Umweltschützer voller Be-

sorgnis äußern, klang schon in den Mahnungen alter Prophetenworte an.

Diese erstaunlichen Übereinstimmungen sollen Gegenstand des vorliegenden Buches sein, damit der Leser sein eigenes Bild unserer möglichen Zukunft entwirft und sich selbst darüber Gedanken macht, was sein Platz in dieser Welt ist.

Paco Rabanne

EIN PAAR ZEILEN DES DANKES –
UND DER WARNUNG

Zuerst möchte ich mich ganz herzlich für die zahlreichen Leserbriefe bedanken, die ich auf mein erstes Buch »Trajectoire« hin bekommen habe. Ich habe daraus ersehen, daß viele Menschen meine Auffassungen teilen und daß ihnen ähnliche und zuweilen noch außerordentlichere Offenbarungen und spirituelle Erlebnisse zuteil geworden sind. Allen einzeln zu antworten, ist mir schlechterdings unmöglich. Ich möchte aber auf diesem Wege zum Ausdruck bringen, wie sehr es mich erleichtert, daß man nicht mehr gleich als »Kirmesattraktion« oder als »armer Irrer« eingestuft wird, wenn man eine »besondere« Weltanschauung vertritt. Mein Buch hat vielleicht dazu beigetragen, dem Skeptizismus, der der Wahrheitssuche oft so wenig förderlich ist, ein bißchen das Wasser abzugraben. Den Zweifel zum Prinzip des Denkens zu erheben, hat nämlich den schwerwiegenden Nachteil, daß man nicht von der Stelle kommt. Dabei sollten wir heute mehr denn je bemüht sein, »Eingeweihte« zu werden. Wir sollten uns alle auf die Suche nach Kenntnis und Wissen machen. Und daß ich – wie aus manchen Briefen ersichtlich ist – einigen Menschen habe helfen können, auf dieser Suche neue Wege zu gehen, macht mich besonders glücklich!

Wenn »Trajectoire« auch ein von Hoffnung getragenes Buch war, sollte es doch seine Leser nicht zur Blauäugigkeit verführen. So stießen insbesondere die der Apokalypse und ihren Vorzeichen gewidmeten Seiten auf ein vielfältiges Echo. Manche Leser warfen mir vor, ein zu düsteres Zukunftsbild zu entwerfen. Bei den Vorträgen, auf denen ich später Gelegenheit hatte, über das Ende unserer Zeit zu sprechen, blickten mich oft entsetzte oder zweifelnde Gesichter an, wenn ich so unvermittelt verkündete, welche furchtbaren Gefahren uns drohen. Schließlich ging ich dazu über, jeden meiner Vorträge mit den folgenden, auch für dieses Buch geltenden Worten einzuleiten: »Schnallen Sie sich an und halten Sie sich fest, denn jetzt fliegen gleich die Fetzen!«

Die Rolle der Kassandra war noch nie einfach. Alarm zu schlagen, gilt als unschicklich. In der Antike ging man sogar so weit, die Überbringer schlechter Nachrichten zu töten. Heute, wo allenthalben die roten Alarmlämpchen aufleuchten, behalten viele lieber ihre beruhigenden Scheuklappen auf, weil sie sich wohl einbilden, daß sie weiter kommen, wenn sie nicht wissen, was um sie herum vorgeht.

In den letzten Monaten jedoch habe ich festgestellt, daß meine »Schreckensbotschaften« allmählich anders aufgenommen werden. Die Leute scheinen auf derlei nun besser vorbereitet zu sein und hören mir mit größerer Aufmerksamkeit zu als vorher. In den meisten Leserbriefen wird mir jetzt sogar zum Vorwurf gemacht, nicht weit genug zu gehen! Diese Leser bzw. Zuhörer mahnen mich, meine Warnungen schärfer zu formulieren, um die Menschheit vielleicht doch noch von ihrem selbstmörderischen Weg abzubringen.

Diese neue Haltung rührt von einer Gewißheit her, der sich niemand mehr verschließen kann: »So kann es nicht weitergehen!« Eine ungeheure Spannung bemächtigt sich dieser Welt, die mit einer Vielzahl ständig wachsender und allem Anschein nach unlösbarer Probleme konfrontiert ist: mit der Bevölkerungsexplosion, den verheerenden Auswirkungen der Umweltverschmutzung, der besorgniserregenden Entwicklung der Genforschung, der Gewalt in unseren Städten und in den Krisengebieten, dem Unfrieden in unseren Seelen . . . Jeder ahnt dumpf, daß wir im Umgang mit unseren Mitmenschen und mit der Natur den Bogen überspannt haben. So wie andere Kulturen vor ihr ist auch unsere Kultur am Zerreißpunkt angelangt.

»So kann es nicht weitergehen . . .« Was wird also geschehen? Wo treiben wir hin?

Zahlreiche prophetische Schriften können uns über unser weiteres Schicksal Auskunft geben. Denn ist es nicht besser, Bescheid zu wissen? Zumal wir ja hoffen dürfen, aus diesen Weissagungen Hinweise darauf zu beziehen, wie wir aus unserem gefährlich werdenden Trott herauskommen können.

»Trajectoire« war in erster Linie ein autobiographisches Buch. Die vorliegende Schrift tritt wohl mit einem größeren Anspruch auf, da sie sich mit dem Schicksal der Menschheit auseinandersetzt. Das erste Buch war gewissermaßen dem ausgehenden Zeitalter der Fische gewidmet – einer Epoche innerer und persönlicher Suche –, während das zweite vom Übergang ins Wassermannzeitalter handelt, der Ära der Brüderlichkeit und der kollektiven Solidarität.

Dieser Übergang könnte sich leider unter den schlimmsten Bedingungen vollziehen, falls der Mensch nicht innehält . . .

Es ist nicht meine Absicht, Angst und Schrecken zu verbreiten, sondern ich will die Gefahren deutlich machen, die unsere Zukunft bedrohen. Und wie heißt es doch im Alten Testament: »Wer hören will, der höre!«

ERSTES KAPITEL

EILE!

Schreibe nun auf, was du sahest, sowohl was ist,
als auch, was geschehen wird hernach!

Apokalypse des heiligen Johannes

Aufschreiben, was ich sah … Eine anscheinend leicht zu befolgende Ermahnung, der ich dennoch nicht immer nachgekommen bin. Was mich bisher davon abgehalten hat, ganz aus mir herauszugehen? Die Hauptursache für diese Zurückhaltung mag unstatthaft erscheinen und war mir doch Grund genug: Ich fürchtete mich vor den Blicken der Skeptiker und mehr noch vor denen der Spötter. Oft genug habe ich nämlich beobachten können, daß jemand – ob prominent oder nicht – sich der Lächerlichkeit preisgibt, sobald er sich seltsamerweise dazu erkühnt, mit einer inneren Überzeugung an die Öffentlichkeit zu treten, und zwar ganz besonders dann, wenn diese Überzeugung mehr auf Empfindungen fußt als auf einem logischen Gedankengang, mehr auf Vorahnungen als auf handfesten Beweisen.

Dabei werden wir doch heute Zeuge, daß die von der Aufklärung glorifizierte und unter dem Positivismus der industriellen Revolution zur Karikatur verkommene Herrschaft der absoluten Vernunft ins Wanken gerät. Durch die sowohl in ökologischer als auch in menschlicher Hinsicht oft katastrophalen Folgen des hochheiligen »Fortschritts« wird die Intelligenz des Menschen allmählich zu mehr Bescheidenheit angeregt. Zumal in letzter Zeit ja auch die rein verstandesorientierte Wissenschaft mit einigen aufsehenerregenden Erkenntnissen genau das wiederentdeckt hat, was vom Chor der Mystiker seit Jahrhunderten unablässig proklamiert wird:

nämlich der überwältigende Vorrang des Geistigen über das Materielle.

Nicht zuletzt diese wachsende Aufnahmebereitschaft bewog mich dazu, mich zum ersten Mal zu Wort zu melden. Ich fühlte, daß die Zeit dafür reif war und man mich nicht auf der Stelle als gemeingefährlichen Verrückten abqualifizieren würde, ohne mir überhaupt einmal zuzuhören. Als »Phantast« bezeichnet zu werden, fasse ich übrigens eher als Kompliment auf, denn Phantasie ist mir allemal lieber als Banalität.

Ist es denn nicht besser, man macht sich auf die Suche nach der Wahrheit – und sollte es letztendlich auch nur die eigene Wahrheit sein –, als daß man sich ein Leben lang von einer aus Vorurteilen genähten Zwangsjacke einengen läßt, die einem dabei noch nicht einmal zu geistiger und moralischer Bequemlichkeit verhilft? Warum sollte man nicht auf eine kohärente Welt setzen, wenn eine absurde unausweichlich zur Verzweiflung führen muß?

So berichtete ich in meinem ersten Buch »Trajectoire« von meinem Glauben an die Reinkarnation, meinem Glauben daran also, daß unser gegenwärtiges Dasein nur ein Glied in der Lebenskette ist, die von unserem innersten Wesen wie eine Flugbahn durchlaufen wird. Ich legte dar, aufgrund welcher Zeichen und Visionen sich diese Überzeugung schon in meiner Kindheit in mir herausgebildet hat und wie sich meinem Gedächtnis die Erinnerungen an meine früheren Leben aufgedrängt haben. Auch schrieb ich über meine seherischen »Gaben«, die sich mir als Jugendlicher offenbart haben und die ich damals in meinem naiven Leichtsinn zu persönlichen Zwecken nutzen wollte. Des weiteren bemühte ich mich, meine geneigten Leser auf das Dickicht der Symbole hinzuweisen, von denen wir umgeben sind und die wir nicht nur in den heiligen Schriften antreffen, sondern auch in unseren auf frühere Inkarnationen verweisenden körperlichen Merkmalen, und nicht zuletzt auch in der Mode, meiner eigenen künstlerischen Domäne. Es sind dies lauter Zeichen, die uns manchmal über eine kühn geschwungene Brücke in eine Welt führen, die keine »andere« Welt ist, sondern immer noch die unsere, eine Welt aber aus »Sinn« und »Licht«, denn das Chaos des Lebens ist nur scheinbar. Um mit einem berühmten Wissenschaftler zu sprechen: Der Zufall ist in Wirklichkeit nichts anderes als das, was wir heute noch nicht erklären können ...

Zu dieser Überzeugung bin ich insbesondere durch eine erschütternde Vision gekommen, die ich bereits in meinem ersten Buch erwähnt habe, ohne jedoch den Mut zu haben, alles zu schreiben, was ich gesehen hatte. Mir war nämlich einmal das Erlebnis einer Astralreise zuteil geworden, so wie sie auch anderen Menschen bereits widerfahren ist.

Als ich im Alter von sieben Jahren eines Nachts im Halbschlaf auf dem Bett lag und mein Geist in dem Bemühen, die Zeit zu überwinden, sich langsam über meinen reglosen Körper erhob, da wurde ich plötzlich vor ein grelles Licht transportiert, dessen Ursprung ich mir nicht zu erklären wußte. Allmählich begann ich zu begreifen, daß ich gerade den Augenblick wiedererlebte, der meinem »Abstieg« auf die Erde vorausgegangen war, meiner letzten Inkarnation ...

Meine eigene Existenz war mir nicht mehr bewußt, denn ich war mit der Quelle jeglichen Lichts und jeglicher Erkenntnis verschmolzen. Ich befand mich dem Göttlichen gegenüber, jenem ungeheuren Mittelpunkt, der im kosmischen Rhythmus vibriert. Instinktiv wußte ich, daß ich auf der Siebten Vibrationsebene war, der höchsten, auf der alles nur noch Essenz ist. Mir war keine Körperlichkeit mehr eigen, ich war nur noch ein vibrierendes Lichtwesen. Jede Sekunde, die verging, war mir eins mit der Ewigkeit. Ich war glücklich, denn ich schaute das Unermeßliche und kommunizierte mit dem Unendlichen. War glücklich, denn ich war nicht mehr ich, sondern Er. War im Zustand der Erfüllung, denn verschmolzen mit der Allheit.

Doch diese Ekstase fand ein jähes Ende. Meine Freude wurde durch eine andere Gegenwart getrübt. Ich wandte mich vom Angesicht des Einen ab und entdeckte das, was mir wie große, aus Licht beschaffene X erschien und was ich später aus einer Art natürlichem Anthropomorphismus heraus die »Greise« nannte, denn sie kamen mir wahrhaft uralt vor.

Diese Greise waren vierundzwanzig an der Zahl und blickten mich ernsthaft an. Ich richtete eine stumme Frage an sie – denn unsere Kommunikation verlief ohne Worte:

»Was wollt ihr von mir?«

»Du mußt wieder hinunter, mußt dich wieder zu Materie verdichten.«

Bestürzt rief ich aus: »Nein! Ich habe mein Karma auf dem Planeten Erde beendet!«

»Sieh nur!« sagten sie darauf zu mir.

Da erschien mir die Kugel unseres Blauen Planeten. Es näherte sich ihr ein Wesen. Ich begriff, daß kein anderer als ich selbst dieses Wesen war, das sich nun einen Menschenkörper aussuchen würde, um sich darin zu inkarnieren. Und dann sah ich das Schicksal der Menschheit.

Ich wurde in eine grauenhafte Erwachsenenwelt hineingeschleudert. Vor meinen entsetzten Augen spielten sich die fürchterlichen Szenen ab, die ich im Laufe meiner irdischen Existenz würde mitansehen müssen.

Zunächst wurde mein Heimatland Spanien vom Krieg heimgesucht und zum ersten Mal eine Zivilbevölkerung das Ziel von Luftangriffen: Guernica. Dieser Bruderkrieg wurde zum einschneidenden Erlebnis meiner Kinderjahre, denn mein Vater wurde von Franco-Anhängern erschossen, und ich mußte mit meiner Mutter über verschneite Berge nach Frankreich fliehen, das mir inzwischen zur neuen Heimat geworden ist.

Dann sah ich die Schrecken des Zweiten Weltkriegs, sah blutrünstige Diktatoren, barbarische Regime und Todeslager. Ich hörte die Schreie der in Auschwitz, Buchenwald und anderswo gemarterten und vergasten Frauen und Kinder. Zu meinem Unglück und dem der ganzen Menschheit sind meine Visionen von der Geschichte bestätigt worden.

Schließlich sah ich, wie das Verbrechen sich allmählich über den ganzen Planeten ausbreitete. Ich sah, wie die ursprünglich so lichte Welt sich immer mehr verdüsterte. Sah, wie sie unaufhaltsam in Unterdrückung, Not und Zerstörung versank.

Doch war das unerträgliche Schauspiel noch nicht zu Ende. Denn ich sah auch den Dritten Weltkrieg, das absolute Grauen. Das war nicht mehr eine Auseinandersetzung zwischen Nationen, sondern ein chaotischer Konflikt, in dem Straße um Straße, Fenster um Fenster umkämpft wurden, einzig aus der Lust heraus, den anderen zu töten, wer immer er auch sein mochte. Die Kämpfe griffen wie die Pest um sich, von Dorf zu Dorf, von Region zu Region, bis sie sich schließlich über den ganzen Planeten erstreckten. Religionskrieg, ethnischer Krieg, Überlebenskrieg, totaler Krieg …

Der Blaue Planet war in furchtbare Finsternis getaucht, aus der nur mehr Schreie des Entsetzens und der Panik zu vernehmen waren. Wie die Propheten es schon verkündet hatten, waren die drei Tage des Herrn gekommen.

Nach Ablauf dieser drei Tage sah ich die Überlebenden wie Tiere umherirren, sich gegenseitig zerfleischen und Kannibalismus und andere unsägliche Verbrechen begehen.

Dann sah ich plötzlich das apokalyptische Tier auftauchen. Und alles war vorbei.

Ich fühlte mich mit einem Mal zur Erde hinuntergerissen, von namenlosem Schmerz durchbohrt, denn diesen Preis mußte ich dafür zahlen, daß ich vom Zustand ätherischen Lichts in Materie verwandelt wurde. Es durchfuhr mich ein peinigender Stich. Ich war nun reinkarniert und hatte das Paar meiner späteren Erzeuger erwählt. Damit begann für mich eine neue Existenz als Francisco Rabaneda-Cuervo, der später den Namen Paco Rabanne annehmen sollte.

Über diese ganz außergewöhnliche Offenbarung, nach der ich schwer atmend und wie gebannt auf meinem Bett zurückblieb, konnte ich lange Zeit mit niemandem sprechen. Meine zaghaften Versuche in dieser Richtung wurden von meinem älteren Bruder mit Spötteleien, von meiner Mutter mit einem ungläubigen Lächeln bedacht. So schrumpfte meine Astralreise allmählich auf die Dimension eines simplen Kindertraums zusammen. Eines Alptraums vielleicht. Jedenfalls steckte ich diesen Traum weg, so gut es eben ging.

Oder vielmehr versuchte ich unbewußt, mich nur an die positivsten Elemente daraus zu halten, nämlich an die Entdeckung einer immateriellen Welt, eines im besten Sinne des Wortes

»magischen« Universums, das dem unseren als Doppel und als Bereicherung gegenüberstand. Zwischen diesen beiden Welten, diesen zwei verschiedenen Vibrationsebenen, bestand ein enges Beziehungsgeflecht; die eine war von der anderen abgepaust, so daß mir die Welt nunmehr wie ein Hologramm erschien, das heißt, daß mein Körper in seiner unendlichen Kleinheit ein Abbild des Kosmos in seiner unendlichen Größe war. Zum anderen beschränkte sich mein Wesen nicht auf meinen gegenwärtigen Körper, ja nicht einmal auf meine augenblickliche Existenz: Es hatte sich schon oftmals und zu verschiedenen Zeiten inkarniert; nicht etwa zur Befriedigung irgendwelcher materieller Gelüste, sondern im Gegenteil, um sich zu verfeinern, um sein Karma zu erleichtern, also sich graduell von seinen in der Vergangenheit angehäuften Fehlern zu entschlacken.

So eignete ich mir alles an, was dem Leben einen Sinn verleihen konnte, insbesondere die Gewißheit einer Gleichwesentlichkeit mit dem Universum, das mich von da an nicht mehr schreckte. Wenn ich Teil des Ganzen war, was hatte ich dann von ihm zu befürchten? Was meine Vision an Beängstigendem hatte, unterschlug ich hingegen. Für apokalyptische Szenen hatte ein siebenjähriges Kind keine Verwendung. Oder vielmehr war es unfähig, sie zu verarbeiten, und verdrängte sie daher in sein innerstes Ich.

Leider ist der erste Teil der entsetzlichen Bilder, die sich mir aufgedrängt hatten, durch die historischen Ereignisse bestätigt worden. Doch muß ich hier nochmals schaudernd darauf hinweisen, daß das Schlimmste noch bevorsteht ...

Nun mag man sich darüber verwundern, daß ich trotz dieser Gewißheit eine ehrgeizige Karriere als Modeschöpfer verfolgt

habe. Warum habe ich mich nicht statt dessen im Atlasgebirge
in irgendeine Höhle zurückgezogen? Oder alle mir zur Verfügung stehenden Mittel auf die Errichtung einer Art Atom-
schutzbunker verwandt, in dem ich dem Schrecken, auf den alles hindeutet, eventuell entgehen könnte?

Es haben mich meine apokalyptischen Visionen eben nicht zu
Entsagung und Untätigkeit verurteilt, sondern mich dazu er-
mutigt, mein Leben sowohl in materieller als auch in geistiger
Hinsicht bestmöglich zu gestalten. Ich werde noch Gelegenheit haben, auf dieses Thema zurückzukommen, doch sei hier
schon so viel gesagt, daß mir paradoxerweise aus meinen Visionen Hoffnung erwachsen ist, und nicht zuletzt auch ein
Wille, an dem es mir seitdem nie mehr gemangelt hat.

Mein Familie führte lange das bescheidene und meist zurück-
gezogene Leben spanischer Emigranten und Franco-Gegner,
während Frankreich alsbald unter deutsche Besatzung geriet.
Ich war ein wißbegieriges Kind, empfand einen tiefen Hang
zur Natur, der ich mich bei jedem Schritt, den ich tat, verbunden fühlte, und begeisterte mich ebenso für die Biologie wie
auch für die »Magie«, durch die ich mich mit unserer Welt immer enger vertraut machte.

Später ging ich nach Paris und begann an der Kunstakademie
ein Architekturstudium. Ich befaßte mich in jenen Jahren
insbesondere mit Kunst und Geschichte früherer Zivilisationen, wobei mein Interesse in dem Maße anwuchs, in dem
ich ein verblüffendes Echo meiner vorhergehenden Leben
vernahm. Meine Lektüre galt immer mehr der Esoterik
und der Entschlüsselung heiliger und prophetischer Botschaf-
ten.

Allmählich wechselte ich von der Architektur auf das Gebiet

der Mode über. Von Bauplänen zu Kleiderskizzen und vom Gebäudemodell zur Kreation der verschiedensten Accessoires war es ein gewagter Schritt, den ich aber beherzt unternahm. Bis ich dann eines Tages vor allem aus einer Provozierlaune heraus meine erste Modekollektion präsentierte, zu der ich vor einem teils begeisterten, teils empörten Publikum metallbehangene Amazonen auf den Laufsteg schickte und damit einen der schönsten Spektakel in der Geschichte der Haute Couture anrichtete. Damit nahm meine Karriere als Modeschöpfer ihren Lauf.

Da mich nach wie vor meine Kindheitsvisionen umtrieben und ich regelmäßig eine verblüffende »Supra«-Sensibilität an mir wahrnahm, die ich damals noch nicht als spiritistische Fähigkeit zu deuten wagte, setzte ich nebenher mein geistiges Suchen fort und fahndete in heiligen und gelehrten Werken nach der Bestätigung für eine erahnte Wahrheit.

Diese Bestätigung fand ich auch – und finde sie heute noch – in meinen Meditationen, die mich alle daran erinnern, daß ich mit dem Jenseits verbunden bin und einer langen, in tiefsten Urzeiten verankerten Kette angehöre.

Seit geraumer Weile nehmen aber diese Meditationen immer beängstigendere Formen an. Die so lange unterdrückten Horrorbilder, die die vierundzwanzig Greise mir zur Warnung zugemutet hatten, kehren heute massiver denn je zurück. Überall sehe ich nichts als Massaker und Betrübnis.

Ein Wort vor allem hallt in meinem Innersten wider und dröhnt mir in den Ohren, ein von meinen geistigen Führern ohne Unterlaß gerufenes Wort: »Eile! Eile!«

Genau diese Aufforderung hat mich dazu veranlaßt, heute wieder das Wort zu ergreifen. Eile ist geboten, weil gegen Ende dieses Jahrtausends die Bedrohungen mit wachsender Geschwindigkeit zunehmen. Darin wird mir wohl niemand widersprechen. Man müßte schon taub und blind sein, um die am Horizont dräuenden Gefahren nicht wahrzunehmen. Und wenn wir uns ihrer dennoch nicht immer voll bewußt sind, dann vielleicht gerade deshalb, weil wir schon mitten in den Unruhen und Umwälzungen stecken, die der großen Katastrophe vorausgehen. Ein Schauspieler kann nur schwerlich das Stück beurteilen, in dem er selber mitwirkt, so wie auch der Infanterist keinen Überblick über das Schlachtfeld hat.

Dabei bedarf es heute gar nicht mehr der Deutung verborgener Zeichen, sondern es genügt, ganz einfach die Augen zu öffnen. Rassenkonflikte, Hungersnöte und Umweltzerstörungen sind keine Schimären mehr, die man aus weiter Ferne undeutlich sieht und an denen man noch zweifeln könnte: Diese Gefahren stellen bereits hier und heute unsere Wirklichkeit dar.

»Eile!« ist also vonnöten, wenn wir uns noch irgendeine Chance erhalten wollen, eine Tendenz umzukehren, die uns in die allerschlimmste Katastrophe hineinreißen könnte.

»Eile!«, denn das Ende unserer Zeit ist nahe.

Das Ende unserer Zeit wohlgemerkt, nicht aber das Ende der Welt. Gleich von vornherein muß ein häufiges Mißverständnis ausgeräumt werden. Nicht das Ende aller Zeiten steht an, mit dem mehr oder weniger skrupellose Prediger immer wieder hysterisch drohen, um ihre Gläubigen einzuschüchtern. Keine Angst! Der Weltuntergang, an dem Katastrophenfilme und Unglückspropheten sich gesundstoßen, steht noch nicht vor der Tür. Der Welt geht es gut, danke der Nachfrage. Aber die Erde ist krank. Und diese Krankheit deutet darauf hin, daß uns eine folgenschwere Wende bevorsteht, die sich unter den furchtbarsten Umständen vollziehen könnte, wenn wir nicht beständig auf der Hut sind.

Jetzt wird man mir vermutlich vorwerfen, mit meinem Lamento die Angst vor dem Jahr 2000 zu schüren, so wie es angeblich zu großer Angst vor dem Jahre 1000 gekommen ist. Allem Anschein nach wäre für ein solches Ansinnen gerade der richtige Zeitpunkt. Man weiß, was für eine Beklommenheit, ja was für richtiggehende Ängste der Gedanke an eine Jahrtausendwende in uns auslösen kann. Angeregt von Science-fiction-Phantasien stellt sich unser Unterbewußtsein den vielbeschworenen Wechsel ins Jahr 2000 wie eine höchst gefährliche Klippe vor, wie einen Prellbock, an dem unsere Fahrt unweigerlich zu Ende geht. Dabei ist dieses Phänomen einzig und allein psychologischer Natur.

Der beste Beweis dafür ist zweifellos die Tatsache, daß es sich bei diesem magischen Datum um eine reine Konvention handelt. Die Zahl 2000 hat nicht viel zu bedeuten, ja eigentlich gar nichts, und der plötzliche Umschwung, der uns so schreckt, findet in Wirklichkeit nur auf unseren Kalendern statt.

Die Datierung der christlichen Zeitrechnung ist bekanntlich umstritten. Ich weiß noch, wie überrascht ich war, als ich in jungen Jahren las, daß Herodes der Große – von dem es bei Matthäus heißt, er habe sämtliche Kinder Bethlehems ermorden lassen, um den gerade geborenen künftigen »König der Juden« zu beseitigen –, daß also dieser blutrünstige Herodes nach übereinstimmender Auffassung aller Fachleute zum Zeitpunkt der »offiziellen« Geburt Christi schon vier Jahre tot war! Als ich dieser Ungereimtheit näher auf den Grund ging, kam ich darauf, daß der Beschluß, die Jahre von der Geburt Christi an zu zählen, auf das Jahr 532 zurückgeht und von dem skythischen Mönch Dionysius Exiguus angeregt wurde. Der erste Tag des Jahres 754 nach dem römischen Kalender wurde zum 1. Januar des Jahres 1 christlicher Zeitrechnung.

Später aber merkte man, daß Dionysius einen Rechenfehler begangen hatte und Christus mindestens vier Jahre vor dem gewählten Datum geboren war. Dennoch behielt man den Kalender unverändert bei. Es kann aber jeder im Lexikon nachschlagen, daß Jesus Christus einige Jahre (zwischen vier und sieben, je nach Version) vor Christi Geburt geboren ist!

Somit schrieben wir also heute gar nicht das Jahr 1993, sondern 1997 oder gar schon 2000! Das berühmt-berüchtigte »Jahr 2000«, dem wir mit solchen Befürchtungen entgegensehen, wäre also das Jahr 2004 oder gar das Jahr 2007.

Die Einsicht, wie ungefähr es bei diesen Rechnereien zugeht, sollte uns vor jeglicher Panik bewahren und uns zu einem gesunden Mißtrauen gegenüber all denen anregen, die die Jahrtausendwende zum Popanz machen.

Noch einen weiteren ausgezeichneten Grund aber gibt es, nicht kurzsichtig auf den Kalender zu starren. Es gehört nämlich ein gerüttelt Maß an Egozentrik dazu, sich einzubilden, ein welterschütterndes Ereignis werde ausgerechnet zu einem Datum stattfindet, das nur für die Christen bzw. die westlichen Länder als Bezugspunkt gilt. Für die Araber und die Juden stellt nämlich unser Jahr 2000 keineswegs eine Jahrtausendwende dar. Für die Muslime wird dann das Jahr 1421 der Hedschra anbrechen, und für die Juden das Jahr 5760. Hüten wir uns also davor, auf ein »Schicksalsdatum« fixiert zu sein, das nur für einen Bruchteil der Menschheit gilt, und sei es auch der unsere.

Außerdem stimmen die meisten Mediävisten darin überein, daß die oft erwähnte große Angst vor dem Jahre 1000 in doppelter Hinsicht eine Schimäre war. Zum einen, weil auf den Übergang von einer dreistelligen auf eine vierstellige Jahreszahl keinerlei spektakuläre Katastrophe folgte. Zum anderen aber vor allem, weil es diese große Angst anscheinend überhaupt nicht gegeben hat. Zwar wird mancherorts von einigen Predigern berichtet, die das unmittelbare Bevorstehen der Apokalypse vorhersagten, doch fanden sie nur sehr geringen Widerhall, allein schon wegen der völlig unzureichenden Kommunikationsmittel der damaligen Zeit. So scheint die Angst vor dem Jahre 1000 eine Erfindung späterer Jahrhunderte zu sein.

Vergessen wir also dieses Datum »2000«, das viel zu präzise und zu konventionell ist, um auf unser aller Schicksal irgendeinen Einfluß zu haben.

Kein Grund zur Sorge also? Wieso sollte der Übergang vom zweiten zum dritten Jahrtausend nicht genauso friedlich verlaufen wie der vom ersten zum zweiten?

Dafür könnte es durchaus einen Grund geben. Es kommen nämlich diesmal Faktoren ins Spiel, die aussagekräftiger sind als unsere offizielle Zeitrechnung. Alles deutet darauf hin, daß die Menschheit derzeit am Ende eines *Zyklus* steht, was ungleich schwerer wiegt als der Begriff Jahrtausend.

Es ist für jedermann offensichtlich, daß unser ganzes Leben in Zyklen abläuft, so wie es sich auch im Kosmos verhält; dies braucht auch nicht weiter zu verwundern, da ja »das Untere wie das Obere ist und umgekehrt«, wie die goldene Regel des Hermes Trismegistos lautet, dessen »Corpus Hermeticum« allen griechischen und christlichen Denkern eine unerschöpfliche Quelle der Inspiration war. Die Nacht verscheucht den Tag bis zum Morgengrauen, so wie der Schlaf die tagsüber entstandene Müdigkeit verscheucht. Die Jahreszeiten vergehen und leben wieder auf, und mit ihnen ein Großteil der Fauna und Flora. Über unseren Köpfen tanzt mit der Genauigkeit eines Uhrwerks das Himmelsballett, wobei jedes Gestirn in regelmäßigen Abständen wieder den gleichen Platz in der Choreographie einnimmt. Und bekanntlich entspricht das, was wir ein Jahr nennen, der Zeit, die die Erde benötigt, um sich einmal vollständig um die Sonne zu drehen, also dreihundertfünfundsechzig und ein Viertel Tagen.

Weniger bekannt ist hingegen das sogenannte »platonische Jahr«, das aber dennoch das Schicksal der Menschheit über weit größere Zeiträume hinweg beeinflußt. In Astronomie beschlagene Leser mögen mir nun verzeihen, wenn ich etwas vereinfache, aber es genügt hier, wenn wir das Prinzip dieses Zyklus verstehen, ohne ins Detail zu gehen.

Während die Erde sich um die Sonne dreht, rotiert sie auch um die eigene Achse. Durch die ungleichmäßige Gestalt unseres Planeten sowie durch die Gravitationskräfte der Sonne und des Mondes wird diese Bewegung jedoch auf komplexe Weise beeinträchtigt. Dadurch kommt es zu einer »Präzession« genannten, sehr langsamen Kreiselbewegung der Erde um die Ekliptik, die Erdbahnebene, herum. Die Erdachse nimmt also zu den Sternen und dem Himmelsgewölbe keine feste Position ein. Sie bewegt sich alle 72 Jahre – also einmal in einem Menschenleben – um ein Grad weiter und vollführt den ganzen Umlauf in 25 920 Jahren. Der Polarstern wird nicht immer Polarstern bleiben: in einigen tausend Jahren wird ein anderer seinen Platz einnehmen.

25 920 Jahre. 26 Jahrtausende ... So lange dauert das platonische Jahr. Das erscheint uns immens, und doch ist es im Vergleich zur kosmischen Geschichte nur ein Fünkchen. Das platonische Jahr entspricht dem, was die Griechen das Große Jahr nannten, nach dessen Ablauf die Erde wieder den gleichen Platz auf der Ekliptik einnimmt.

Da die Erdachse ihre Position zur Himmelssphäre ständig verändert, bewegt sie sich im Lauf der Zeit von einer Konstellation zur anderen. So teilt sich das Große Jahr in zwölf »Monate« auf, von denen jeder etwa 2160 Jahre dauert und je einem Tierkreiszeichen wie Krebs, Zwilling oder Waage entspricht. Die drei letzten Zeichen waren Stier, Widder und Fische. Es hat in der Menschheitsgeschichte erstaunliche Parallelen zu diesen Zeichen gegeben, wobei jedes von ihnen eine neue Religion oder zumindest eine neue Weltanschauung symbolisiert.

Der Stier war die am weitesten verbreitete Gottheit früherer Zivilisationen, insbesondere in Indien und im Mittelmeerraum. Die wedischen Götter Indra und Schiwa wurden als Stiere dargestellt, so wie auch Osiris und Apis bei den Ägyptern und El oder Enlil bei den Babyloniern. Dabei ist der Stier immer das Sinnbild der Schöpferkraft, der Fruchtbarkeit und des Lebensprinzips, das – wie etwa der berühmte kretische Minotaurus – mitunter auch Opfer verlangt.

Der Widder wiederum umfaßt die gesamte hebräische Epo-. che. Im Alten Testament kommt er immer wieder vor. Als Moses sich gegen das Goldene Kalb empört, redet er damit vor allem gegen das Symbol einer überlebten Religion an. Der Kult des El ist nun verboten. Es gilt, den Minotaurus zu fesseln, das heißt, man soll seinen Appetit zügeln und der Berauschung dionysischer Verzückungen widerstehen. Dem Widder ist noch das Ungestüm des Stieres eigen, doch gesellen sich dazu nun Hochherzigkeit und Gerechtigkeitsempfinden.

Rund zweitausend Jahre später wird mit der Geburt Christi das Zeitalter der Fische eingeleitet. Daß Christus oft mit einem Lamm in Verbindung gebracht wird, soll seine Abstammung vom Widder unterstreichen, doch weiß man etwa, daß sich die ersten verfolgten Christen untereinander durch ein Fisch-Ideogramm zu erkennen gaben. Und ist Jesus nicht durch das Tor der Fische in Jerusalem eingezogen? Von Petri Fischzug bis zur wunderbaren Fischvermehrung ist diese Symbolik im Neuen Testament immer wieder anzutreffen. Das griechische Wort »Ichthys«, das »Fisch« bedeutet, entspricht übrigens den Initialien »Iesous Christos Theou Hyios Soter«, »Jesus Christus, Sohn Gottes, Retter«.

Den Astronomen zufolge fand unser Eintreten in die Konstellation der Fische etwa im Jahre 150 vor Christus statt. Wenn man von einer durchschnittlichen Dauer von 2160 Jahren ausgeht, dürfte der Übergang zum Wassermann – dem nächsten von der Erdachse angepeilten Tierkreiszeichen – ungefähr im Jahre 2010 erfolgen. Nach einem zwei Jahrtausende währenden christlichen Zeitalter werden wir einen neuen moralischen und religiösen Wandel erleben.

Selbstverständlich vollzieht sich ein solcher geistiger Umschwung nicht über Nacht. Wir werden nicht eines schönen Tages aufwachen und vor der Haustür eine neue Welt und eine andere Religion vorfinden. Der Übergang erstreckt sich manchmal über Jahrhunderte, die Symbole eines ausgehenden Zyklus reichen noch in den neuen hinein, und alte Gewohnheiten schleifen sich erst allmählich ab, bis sie sich schließlich überlebt haben und verschwinden. Wir befinden uns schon seit geraumer Zeit in einer Übergangsphase: Die Unruhen, von denen unser Planet erschüttert wird, und die geistige Krise, in die wir uns manövriert haben, sind als Anzeichen dieser Entwicklung zu werten. Und daß diese Entwicklung im Schongang verläuft, ist alles andere als gewiß.

An und für sich stellt der Übergang von einem Zeitalter zum anderen, von einem »platonischen Monat« zum nächsten, keine weltweite Gefahr dar. Wir werden noch sehen, daß darin sogar eine Chance für die Menschheit liegen kann, sofern diese sich nur in den Wandel hineinfindet und ihn nicht zu bremsen sucht, und sofern sie nicht in Irrtum und Gottlosigkeit verharrt.

Von einer echten Bedrohung spreche ich aber deshalb, weil mit dem Wechsel des Tierkreiszeichens ein noch dramatischerer Einschnitt einhergeht, eine wahre zyklische Revolution, die von allen Überlieferungen mit frappierender Übereinstimmung bestätigt wird.

Es teilen nämlich alle großen überlieferten Texte die Geschichte der Menschheit in vier ungleich lange, aber dennoch mathematisch gesehen durch das platonische Jahr bestimmte »Zeitalter« auf, deren Abfolge einem langsamen Abstieg vom Licht in die Finsternis gleichkommt.

Das erste dieser Zeitalter, das von den Griechen das Goldene Zeitalter und von den Hindus Krita-Yuga genannt wird, ist das

33

längste, denn es dauert ein ganzes Großes Jahr lang, also etwa 25 920 Jahre. Es ist das ruhmreiche Zeitalter des Einsseins mit Gott und erstreckt sich für uns Christen von der Erschaffung Adams bis zum Sündenfall.

Das zweite Zeitalter ist das Silberne, das bei den Hindus Treta-Yuga heißt. Es entspricht drei Vierteln eines Großen Jahres, also circa 19 440 Jahren, und weist bereits eine gewisse Dekadenz auf, einen Übergang von der göttlichen Liebe zur Pflicht. Es folgt darauf das Eherne Zeitalter oder Dwapara-Yuga, das sich über ein halbes platonisches Jahr erstreckt und im Zeichen der Leidenschaft liegt. Diese beiden Zyklen umfassen im wesentlichen unsere Vor- und Frühgeschichte.

Das Eherne Zeitalter reicht bis zur Antike heran, bis zum Eisernen Zeitalter, das die drei bereits erwähnten »platonischen Monate« mit den Tierkreiszeichen Stier, Widder und Fische umfaßt. Dieses Zeitalter mit seinen 6480 Jahren ist das berühmte Kali-Yuga der Hindus.

In allen einschlägigen Texten werden diesem letzten Zyklus zunehmende Gewalt und Finsternis zugeschrieben. Für Hermes Trismegistos (»Corpus Hermeticum«) ist es eine Epoche, in der »niemand mehr seinen Blick zum Himmel erhebt; fromme Menschen werden für verrückt gehalten, gottlose für weise ... Über die Seele und alle damit zusammenhängenden Glaubensvorstellungen, nach denen die Seele von Natur aus unsterblich ist, wird man nur noch lachen ... Die Götter werden sich von den Menschen trennen: eine beklagenswerte Scheidung!«

Bei den Griechen schreibt Hesiod in »Werke und Tage«, während des Eisernen Zeitalters »wird der Gast seinem Gastgeber nicht mehr heilig sein, der Freund nicht mehr dem

Freund, der Bruder nicht dem Bruder. Sobald die Eltern alt sind, wird man sie nur noch verachten. Den Alten, die einst selbst Ernährer waren, wird man die Nahrung verweigern. Treue zu einem Eid, Gerechtigkeit und Güte werden in keinerlei Ansehen stehen. Das einzige Recht wird das Recht des Stärkeren sein. Allen Menschen wird der Neid anhaften, und trauriges Leid wird das Los aller Sterblichen sein: Gegen das Böse wird es keine Abhilfe geben.«

Wir befinden uns heute in der Endphase des Kali-Yuga, die im »Linga Purana«, einem ungefähr im 5. Jahrhundert vor Christus verfaßten hinduistischen Religionsepos, folgendermaßen beschrieben wird:

Gleichgültigkeit, Krankheit, Hunger und Angst werden sich ausbreiten. Es wird zu schlimmen Dürreperioden kommen. Die verschiedenen Weltregionen werden miteinander in Konflikt geraten. Die heiligen Texte werden nicht mehr geachtet werden. Die Menschen werden ohne Moral, werden reizbar und fanatisch sein. Falsche Lehren und trügerische Schriften werden weite Verbreitung finden.

Die Zahl der Fürsten und der Bauern wird beständig abnehmen. Die meisten neuen Anführer werden von Arbeitern abstammen.

Man wird Kinder noch im Mutterleib töten. Diebe werden zu Königen, Könige zu Dieben werden. Zahlreiche Frauen werden mit mehreren Männern Verkehr haben.

Die Erde wird mancherorts viel hervorbringen und andernorts zu wenig. Die Machthaber werden Eigentum beschlagnahmen und es mißbräuchlichen Zwecken zuführen.

Es wird viele heimatlose Menschen geben, die von Land zu Land irren. Die guten Menschen werden davon absehen, eine tatkräftige Rolle zu spielen.

Es werden bereits gekochte Speisen zum Kauf angeboten werden. Die heiligen Bücher werden an jeder Straßenecke zu kaufen sein. Die jungen Mädchen werden ihre Jungfräulichkeit verkaufen. Der Wolkengott wird die Regenfälle widersinnig verteilen. Es wird viele Bettler und Menschen ohne Arbeit geben. Man wird niemandem trauen können.

Die Endzeit des Kali-Yuga wird vom Niedergang der Tugenden und von der Zensur der heuchlerischen Puritaner gekennzeichnet sein. Reichtum und Ernten werden zurückgehen. In der Stadt und auf dem Land werden sich Banditen zu Banden zusammenschließen. Es wird an Wasser fehlen, und die Obsternte wird karg ausfallen.

Viele Leute werden hinterhältig, geil und gemein sein. Ihre Haare werden zerzaust sein. Abenteurer mit geschorenen Köpfen und orangefarbenen Gewändern werden wie Mönche aussehen.

Von Hunger und Angst geplagte Menschen werden sich in unterirdische Unterkünfte flüchten.

Unqualifizierte Menschen werden als moralische und religiöse Autoritäten gelten.

Liefern all diese Aussagen nicht eine genaue – und betrübliche – Beschreibung unserer heutigen Welt? In dem Hindu-Text wird ferner ein schrecklicher Krieg vorausgesagt, der die Menschen zu ausgehungerten, kranken und verzweifelten Wesen machen wird. »Dann werden einige anfangen, nachzudenken ...«

Daß ich den Wunsch, ja das dringende Bedürfnis verspüre, Alarm zu schlagen, rührt also nicht allein daher, daß das dritte Jahrtausend eiligen Schrittes herannaht. Die auf den Umlaufzeiten der Gestirne basierenden alten Zykluslehren zeigen uns an, daß die Welt an einem Wendepunkt angelangt ist.

Meine persönlichen Gedanken zur Entwicklung von Welt und Mensch gehen ebenfalls in diese Richtung. Man wird sich erinnern, daß mir während meiner Astralreise die vierundzwanzig Greise zu verstehen gegeben hatten, ich befände mich in der Siebten Vibrationsebene, in der es zur Verschmelzung mit dem Ganzen kommt. Durch all meine späteren Meditationen bin ich zu der Überzeugung gelangt, daß die Geschichte des Menschen und seiner Inkarnationen durch eine hierarchische Abfolge von Ebenen gekennzeichnet ist, die sich durch ihre mehr oder weniger enge Beziehung zum Göttlichen unterscheiden. Die erste Ebene ist die der Lemuren und der Hominiden, die sich noch kaum aus dem Tierreich gelöst haben. Auf der zweiten Ebene befinden sich die Höhlenmenschen, die aufrecht gehen und über Feuer und Werkzeuge verfügen. Die dritte Ebene ist die des heutigen inkarnierten Menschen, der in seiner Fleischeshülle gefangen ist, aber nach dem Göttlichen strebt. Gegenwärtig möchte die gesamte Schöpfung sich zur Vierten Vibrationsebene erheben, in der das Geistige vorherrschen wird. Mit anderen Worten erleben wir gerade die letzten Tage des *Homo sapiens.* Danach kommt das ersehnte Reich des *Homo spiritualis.* Wenn es nicht durch den *Homo destructor* verhindert wird!

Aufstieg zu einer höheren Vibrationsebene, Erscheinen des *Homo spiritualis,* zyklische Rückkehr eines Goldenen Zeitalters ... Jenseits der Qualen der Apokalypse hat der Mensch also eine strahlende Zukunft vor Augen. Apokalypse bedeutet ja auch gar nicht »Zerstörung«, wie der herkömmliche Gebrauch des Wortes vermuten ließe, sondern »Offenbarung«. Es ist die Enthüllung der göttlichen Botschaft und des Schicksals, das der Menschheit auf lange Sicht beschieden sein wird.

Bevor wir aber würdig sind, diese Geheimnisse zu empfangen, müssen wir furchtbare Prüfungen bestehen. Es muß diese Zivilisation zugrunde gehen, die sich vom Antlitz Gottes abgewandt hat und dadurch zum kalten System geworden ist. Ihr Untergang ist vielleicht die notwendige Durchgangsstation auf dem Weg zu unserer Wiedergeburt und unserer geistigen Reinigung. In der Apokalypse des heiligen Johannes steht geschrieben, daß zahlreiche Plagen, von Krieg bis Hungersnot, auf die Menschheit herniedergehen müssen, bevor endlich das neue Jerusalem kommt.

Können wir diesem Unheil entgehen, obwohl es uns von sämtlichen Prophezeiungen vorhergesagt wird? In allen heiligen Texten ist die Rede vom Tag des göttlichen Zorns, an dem der Himmel sich zurückzieht wie eine Schrift, die man einrollt, und der Herr auf Erden Trauer und Einsamkeit werden läßt. Selbstverständlich meine ich in erster Linie die Apokalypse des heiligen Johannes, aber auch die prophetischen Bücher von Ezechiel, Isaias und Daniel sowie die Henochbücher und die syrische Apokalypse des Baruch.

Neben diesen religiösen Schriften kennen wir noch all die Prophezeiungen, die ich als »privat« bezeichnen möchte und die von Sehern, Wahrsagern und anderen »erleuchteten« Menschen getan wurden, denen sich verkündende Bilder unserer Zukunft erschlossen hatten. Dabei denke ich natürlich an Nostradamus, aber auch an Joachim von Fiore, den heiligen Cäsarius von Arles, den heiligen Malachias, Vatiguerro und andere. Außerdem gibt es noch die Marienprophezeiungen und anonyme Schriften wie die bedeutende Prophezeiung von Prémol oder die von Orval. Wer also über unser künftiges Schicksal einen Befund erstellen möchte, dem wird es an Stoff dazu nicht mangeln. Gleich vielen anderen vor ihm wird er sich dann zu der Einsicht bequemen müssen, daß die Übereinstimmung all dieser Texte ihnen verwirrend viel Gewicht verleiht.

Nun wird man mir entgegenhalten, diese prophetischen Schriften seien nicht für bare Münze zu nehmen. Der beste Grund für dieses Mißtrauen liege darin, daß viele dieser Vorhersagen sich nie bewahrheitet haben. So weiß man, daß verschiedene Prediger sich auf die in der Apokalypse des heiligen Johannes enthaltene Zahl des Tieres (666) gestützt und für das Jahr 1666 den Weltuntergang vorausgesagt haben. Nun kam es zwar in jenem Jahr in London zu einer riesigen Feuersbrunst, und die Londoner mußten wohl schon glauben, ihr letztes Stündlein habe geschlagen, doch kann man dieser Tragödie nur schwerlich apokalyptische Ausmaße zuschreiben. Die Liste solcher Beispiele ließe sich beliebig fortsetzen. William Miller etwa, der Begründer der Adventisten-Kirche, verkündete lauthals für Mai 1843 das Jüngste Gericht. Als nichts geschah, posaunte er als neues Datum März 1844 hinaus, dann Oktober 1844. Die Anhänger Millers ließen sich kurioserweise durch diese Pannen keineswegs entmutigen!
Es konnten auch zahlreiche bewußte Täuschungen entlarvt werden. Dabei handelt es sich vor allem um »nachträgliche Prophezeiungen«. Es fällt nicht schwer, im Jahre 1830 eine angeblich im 16. Jahrhundert verfaßte und in irgendeiner Klosterbibliothek aufgefundene Prophezeiung hervorzuziehen, die in (aus gutem Grund) unbezweifelbarer Deutlichkeit die Taten Napoleons vorhersagt. Die Geschichte der Prophezeiungen steckt voller solcher Schwindel.
Manche Seher sind sogar unfreiwillig derlei Machenschaften

zum Opfer gefallen. So scheinen den berühmten »Centurien« des Nostradamus in späteren Jahren einige Vierzeiler hinzugefügt worden zu sein. Derjenige zum Beispiel, der sich eindeutig auf Napoleon bezieht:

Aus Arcole und Lodi in Italien
In künftigen Zeiten die Hähne den Adler verjagen
Deutsche, Ungarn, Lombarden, Germanenarmee
Vor den siegreichen Galliern ihr Bündel schnüren.

Es ist gewiß ein leichtes, Ereignisse nachträglich »vorherzusagen«. Dennoch darf von diesen billigen Manipulationen kein Schatten auf die bestechende Qualität und Authentizität der wirklichen Prophezeiungen von Nostradamus fallen. So schrieb der Seher in der ersten Ausgabe seines Buches im Jahre 1555 (I. Centurie, 35. Vierzeiler):

Auf dem Kampfplatz junger Leu den alten
Im Duell besiegt, der Augen Licht
Wird im gold'nen Käfig er ihm spalten,
Zwei Spieg'l einer, 's Aug im Tod dann bricht.

Einige Jahre später, am 1. Juli 1559 nämlich, stand König Heinrich II. dem jungen Grafen Montgomery in einem Turnier gegenüber. Er trug bei der Gelegenheit ein Wappen mit einem Löwen darauf. Die Lanze seines Gegners barst, und ein langer Holzsplitter durchfuhr des Königs Helm. Mit ausgestochenem Auge und durchbohrtem Schädel sollte Heinrich II. nach tagelangem furchtbarem Leiden schließlich sterben.

Meiner Ansicht nach gilt es, die Spreu vom Weizen zu trennen. In der Bibel selbst werden wir zu höchster Wachsamkeit gegenüber denen angehalten, die sich als Propheten ausgeben, obwohl Gott ihnen kein einziges Wort eingegeben hat. Hüten wir uns aber dennoch davor, alle Vorhersagen in Bausch und Bogen abzulehnen. Nur weil sich unter die wahren Propheten einige Hochstapler geschlichen haben, dürfen wir nicht dem, was uns aufgezeigt worden ist, unser Ohr verschließen. »Sie haben nicht gehört«, heißt es in der Bibel, »sie verhöhnten die Boten Gottes, verachteten seine Worte und machten sich lustig über seine Propheten.« Wer an allem zweifelt, glaubt bald überhaupt nichts mehr, und aus Ungläubigkeit wird schließlich schuldhafte Blindheit.

Zum Beispiel wollten viele Juden in Deutschland beim Heraufziehen des Nationalsozialismus trotz aller Warnungen nicht glauben, daß ihr Leben in Gefahr sei. Vielleicht hätten sie aufmerksamer das Buch Jeremias lesen sollen, das zugegebenermaßen auch eine Verheißung enthält:

Das Volk der Juden wird bestraft werden wie kein anderes Volk. Nach den Gemetzeln und Vertreibungen im Lauf der Jahrhunderte wird der Herr die Juden aus dem Norden, aus allen Enden der Welt zurückholen, und sie werden Freudentränen vergießen und auf den schnellsten Wegen über die Wasser fahren. Hört die Worte des Herrn, ihr Völker, und verkündet auf den fernen Inseln: Derjenige, der die Israeliten zerstreut hat, der wird sie wieder zusammenführen.

Konnte es deutlichere Hinweise auf die Todeslager, das Wiedererstehen des Staates Israel und die massive Rückkehr der Juden ins Heilige Land geben?

Wer den Prophezeiungen keinen Glauben schenkt, bringt sich selbst um einen wichtigen Teil der Bibel und der göttlichen Botschaft, denn auch die großen Propheten sind Übermittler von Gottes Wort.

Und können wir nicht auch aus den außerbiblischen Weissagungen einige Wahrheiten schöpfen? Die großen Seher suchen weder zu wissen noch zu überzeugen, sondern sie geben lediglich die Worte und Gewißheiten weiter, die sich ihnen offenbart haben. Ob man nun ihre Ahnungen als »Erleuchtungen« wertet oder nicht, so wird doch jeder, der sich damit befaßt, aus intellektueller Redlichkeit zugeben müssen, daß sie sich oft als zutreffend erwiesen haben, selbst wenn man ihren »Mechanismus« nicht begreift.

Es gilt als allgemein anerkannt, daß jemand den Tod eines anderen Menschen »spüren« kann, obwohl er Tausende von Kilometern von ihm entfernt ist. Es handelt sich hierbei um das Phänomen der Gedankenübertragung, dem die Wissenschaft heute große Aufmerksamkeit widmet. In der Geschichte gibt es zu dieser Art von Erscheinung zahlreiche Anekdoten. So sprach im Jahre 96 in Ephesus der Philosoph Apollonius von Tyana vor einer kleinen Gruppe von Leuten, als er plötzlich bestürzt innehielt. Dann schlug er mit seinem Stock mehrmals auf den Boden und verkündete seinen Zuhörern: »Freuet euch, denn der Tyrann ist tot.«

Zuerst wußte keiner sich einen Reim darauf zu machen. Man hielt das Ganze für eine Schrulle. Doch dann erfuhr man, daß zum gleichen Zeitpunkt in Rom der grausame Tyrann Domitian von einem freigelassenen Sklaven namens Vespasius erschlagen worden war.

Wenn Ahnungen den Raum überwinden können, warum sollten sie dann nicht auch die Zeit überwinden? Daß es solche Fälle gibt, gilt als erwiesen, wenn sie auch seltener sind. Mit paranormalen Fähigkeiten ausgestattete Seher haben manchmal »Visionen«, durch die sie schlagartig über die Vergangenheit eines Menschen informiert werden, der ihnen bis dahin unbekannt war. Sie sind dann dazu imstande, Vorkommnisse aufzuspüren, die im Leben jenes Menschen eine Rolle gespielt haben. Und sie können auch Ereignisse vorhersagen, von denen sein künftiges Leben betroffen sein wird.

Interessant ist folgende Anekdote über Nostradamus. Auf einer Italienreise begegnete er einer Gruppe junger, unscheinbarer Franziskanerbrüder. Aus einem Impuls heraus, den er sich selbst nicht zu erklären wußte, kniete er plötzlich vor einem der Mönche nieder und küßte den Saum seiner Kutte. Die Begleiter des Mönches waren über diese unverständliche Geste verdutzt und brachen in schallendes Gelächter aus.

»Was machst du denn da?« fragten sie Nostradamus.

»Ich muß mich unterwerfen und vor seiner Heiligkeit das Knie beugen«, antwortete der berühmte Seher.

Jahre später erinnerten sich die Franziskaner bestimmt zurück an jene Szene: Der junge Mönch, vor dem Nostradamus sich niedergekniet hatte, war kein anderer als Felice Peretti, der zuerst Kardinal von Montalto und 1585 unter dem Namen Sixtus V. zum Papst wurde.

Andere Seher scheinen das Schicksal ganzer Menschengruppen »vorhersehen« zu können. Auf dem Flughafen von Cincinnati hat man sicher die wiederholten Anrufe eines gewissen David Booth nicht vergessen, der im Mai 1979 verkündete:

»Seit Tagen sehe ich im Traum eine Flugzeugkatastrophe, die sich bald ereignen wird.«

Man ließ ihn abblitzen und machte sich über die Alpträume dieses Irren nur lustig. Am Tag nach seinem letzten Anruf allerdings stürzte eine Maschine der American Airlines kurz nach dem Start ab. Es gab keine Überlebenden.

Auch in der Science-fiction gibt es Beispiele faszinierender Vorahnungen. Nach dem Untergang der *Titanic* im Jahre 1912 erinnerte man sich wieder an ein Buch, das bei seinem Erscheinen 1898 keine nennenswerte Beachtung gefunden hatte. Der von einem gewissen Morgan Robertson verfaßte »Schiffbruch der Titan« war die Geschichte eines riesigen Ozeandampfers, der bei seiner ersten Atlantiküberquerung mit einem Eisberg zusammenstieß und sank! Es war verblüffend, wie vieles dabei mit der Realität übereinstimmte: die *Titan* und die *Titanic* hatten die gleiche Tonnage, die gleiche Reisegeschwindigkeit, die gleiche Anzahl von Schiffsschrauben und gleich viele Passagiere. Selbst der Unglücksmonat und der Name des Kapitäns deckten sich völlig!

Man hat auch feststellen können, daß viele Details aus Jules Vernes 1865 verfaßtem Buch »Von der Erde zum Mond« mit der ein Jahrhundert später erfolgenden tatsächlichen Eroberung des Weltraums große Ähnlichkeiten aufweisen. Von der Startrampe in Florida über die Anzahl der Astronauten bis zur Landung im Pazifik stimmt so manches überein. Selbst zwei der Astronautennamen klingen merkwürdig ähnlich: bei Jules Verne lauten sie Ardans und Nicholl, in der Wirklichkeit Aldrin und Collins.

Dabei braucht man gar kein Romanschriftsteller zu sein, um einen Blick in die Zukunft zu tun. In England wohlbekannt ist

Mother Simpson, eine 1488 in Yorkshire geborene Prophetin, von der es heißt, sie sei von häßlichem Aussehen, aber von durchdringender Intelligenz gewesen. Was sagte nun diese Frau Ende des 15. Jahrhunderts voraus?

Wagen werden ohne Pferde fahren
Und Unfälle die Welt betrüben.
Gedanken werden um die Erde fliegen
Wie ein Augenblick so schnell.
Die Welt wird auf dem Kopf stehen.
Am Fuße eines Baumes wird man Gold finden;
Der Mensch wird durch die Berge gehen,
Und braucht dazu kein Pferd,
Er wird auch unter Wasser fahren
Und dabei gehen, schlafen, sprechen.
Man wird ihn in den Lüften sehen,
Weiß gekleidet, schwarz und grün.
Auf den Wassern wird das Eisen schwimmen
Wie ein hölzern Boot.
Viel Gold wird zum Vorschein kommen
In bisher unbekanntem Land.
Feuer und Wasser werden Wunder tun.
Die Söhne Englands, die das Feld bestellen,
Wird oft mit einem Buch man sehen.
Der Arme wird dann vieles wissen,
Und Wasser fließen, wo der Weizen wächst,
In fernen Tälern.

Ist das nicht deutlich genug? Es bedarf wahrlich keines abenteuerlichen Hineininterpretierens, um aus diesen Versen die großen Entdeckungen des 19. und 20. Jahrhunderts herauszulesen, vom Auto über die Telekommunikation bis hin zu U-Booten und selbst zur Kernenergie.

Und was ist von den Worten zu halten, die ebenfalls im England des 15. Jahrhunderts auf einen Grabstein des Friedhofs von Kirby gemeißelt worden sind?

Wenn die Bilder lebend aussehen und sich selbst bewegen,
Wenn Schiffe unter den Meereswellen wie Fische schwimmen,
Wenn Menschen höher als Vögel den Himmel erklettern,
Dann wird die halbe Welt im Blut versinken.

Vielleicht wird mir so mancher unterstellen, ich wollte mittels dieser langen Einleitung nur das Terrain vorbereiten, um nun meinerseits als Seher aufzutreten. Keine Angst, ich habe dahingehend keinerlei Ambitionen! Ich bin lediglich ein leidenschaftlicher Leser und zugleich ein Zeuge unserer Zeit: Ich bemühe mich stets darum, aufmerksam zu beobachten, was sich hier auf Erden tut, und darin den Widerhall früher an uns ergangener Warnungen zu sehen.

Wo uns durch die Medien das Bild einer zersplitterten Welt vermittelt wird und die Reportagen von Land zu Land und von Thema zu Thema hüpfen, sehe ich Zeichen, die einen Zusammenhang bilden. Den zunehmenden Fanatismus, die ethnischen Konflikte, die Gewalt in den Großstädten, die Verseuchung der Flüsse und die Hungersnot in zahlreichen afrikanischen Ländern nehme ich nicht als lauter voneinander unabhängige Einzeltatsachen wahr, sondern als ein immer deutlicher zutage tretendes Grundmuster, als ein Ganzes, zu dem jeder von uns gehört. Wenn die Katastrophe schon nahe ist, warum soll man dann nicht wenigstens versuchen, so klar wie möglich zu sehen? Schließlich ist Hellsichtigkeit die beste Gewähr für positives Handeln.

Daß ich hier von den Befürchtungen berichte, die mich nunmehr fast unentwegt bedrängen, bedeutet aber ganz und gar nicht, daß ich mich zum Propheten erhebe! Ich beuge mich nur dem Gefühl der Dringlichkeit, das manchmal wie ein Aufruhr in mir wühlt. Wer will mir da zum Vorwurf machen, daß ich meinen Besorgnissen Worte verleihe? Sollten sie sich als unbegründet erweisen, so wäre darüber keiner glücklicher als ich. »Wehe euch, die ihr den Tag des Herrn herbeisehnt! Er ist Finsternis und nicht Licht!« sagt Amos im Alten Testament (5, 18). Mein größter Herzenswunsch ist es, widerlegt zu werden. Falls aber das Gegenteil eintritt, muß ich mir wenigstens nicht vorwerfen, angesichts der Ereignisse geschwiegen zu haben.

Es soll auch ja nicht der Verdacht aufkommen, ich redete hier irgendeiner Sekte das Wort. Alle, die dieses Buch lesen, möchte ich inständig bitten, dabei stets kritische Aufmerksamkeit walten zu lassen. Meine Abneigung gilt allen Vorurteilen, jenen Scheuklappen, die uns den Blick auf die Realität verwehren. Und die einzige »Sekte«, der ich angehöre, ist der Verband französischer Modeschöpfer …

Mancher Leser mag belächeln, was nun folgen wird, mag alles bezweifeln, was ich vorbringe, und sich auf dieses Kassandra-Spiel nicht einlassen.

Es wird auch der Hinweis darauf nicht fehlen, daß die Prophezeiungen, auf die ich mich beziehe, oft in geschickter Weise mehrdeutig formuliert sind. In diesem Zusammenhang wird gerne die Geschichte von Krösus zitiert, der gegen die Perser ins Feld ziehen wollte. Um seine Erfolgschancen abzuwägen, befragte er das Orakel von Delphi und wurde folgendermaßen beschieden: »Ein großes Reich wird zerstört werden.« Siegesgewiß zog Krösus in die Schlacht. Er erlitt eine schwere Niederlage und wurde gefangengenommen. Es war sehr wohl ein Reich zerstört worden, aber nicht dasjenige, das er gemeint hatte.

Viele Propheten drücken sich tatsächlich in einer mehrdeutigen, bilderreichen Sprache aus, die man entschlüsseln muß, ohne sich von ihrer Symbolhaftigkeit irremachen zu lassen. Für Zweideutigkeiten ist allerdings in den Interpretationen, die sich heutzutage anstellen lassen, ohnehin nicht mehr viel Platz. Das »Reich«, dessen Zerstörung angekündigt wird, ist ganz eindeutig unsere Welt, ist unser Planet Erde.

Es könnte noch eingewandt werden, daß es zu jeder Zeit Menschen gegeben hat, die gerade ihre Epoche als besonders kritischen Moment empfanden und der Welt nur mehr wenige Jahre zu leben gaben. Wer nach der Lektüre solcher Prophezeiungen munter drauflos interpretierte, mußte sich immer wieder korrigieren und das Schicksalsdatum noch weiter hinausschieben.

Heute aber liegt ein grundlegender Unterschied vor. Zum ersten Mal in der Geschichte der Menschheit stehen die prophetischen Warnungen und die Vorzeichen der Apokalypse nicht mehr wie pure Erfindungen der Science-fiction oder eines Phantasten da, sondern machen unsere alltägliche Wirklichkeit aus.

Und am lautesten wird die Sturmglocke nicht von irgendwelchen umnachteten Wirrköpfen geläutet, sondern von den renommiertesten Wissenschaftlern ...

SCHÜTZENHILFE VON DER WISSENSCHAFT

Es bleiben uns nur mehr ein oder zwei Jahrzehnte zum
Kampf gegen die derzeitigen Bedrohungen und gegen die
Perspektive einer ungeheuer geschwächten Menschheit.«
Welcher überspannte Visionär hat sich da zu solcher Panikma-
che verstiegen? Welchem Unglückspropheten konnte es mit
dem Weltuntergang gar nicht schnell genug gehen?
Zum Leidwesen unseres Seelenfriedens entstammt obige Aussage nicht dem Mund eines publicitygeilen Predigers, sondern
dem »Washingtoner Appell«, der 1992 von 1500 angesehenen
Wissenschaftlern, darunter rund hundert Nobelpreisträger,
verfaßt und unterzeichnet wurde.
Wir haben es also keineswegs mit einer Versammlung komi-
scher Käuze zu tun. Jene Wissenschaftler sitzen tagtäglich am
Krankenbett unserer darniederliegenden Erde und wissen
über ihren Zustand bestens Bescheid. Es wird auch Skeptikern
und unverbesserlichen Optimisten schwerfallen, Befürchtungen als unbegründet abzutun, die auf einem statistischen und
empirischen Befund der gegenwärtigen Lage beruhen.
Ehrlicherweise muß ich zugeben, daß nicht alle Wissenschaftler den Washingtoner Appell unterzeichnet haben. Einige räu-
men uns nämlich in ihrer unendlichen Großzügigkeit noch eine Frist von fünfzig oder gar hundert Jahren ein ...
Bei dem Tempo, in dem derzeit Raubbau an unserem Planeten
getrieben wird, sind jedoch alle Wissenschaftler pessimistisch

in bezug auf unsere Überlebenschancen. Trotz aller Warnungen scheint aber diese Sorge der allgemeinen Teilnahmslosigkeit nichts anhaben zu können. Die Wissenschaftler teilen uns letztendlich mit, daß sie für nichts mehr garantieren können, wenn die Menschheit und ihre politischen Führer sich nicht bald bewußt werden, wie ernst die Lage ist. Und manche befürchten gar, daß wir schon den Punkt erreicht haben, an dem es kein Zurück mehr gibt.

Die Gefahren, die unserem Blauen Planeten drohen, sind nämlich so vielfältig, daß man gar nicht weiß, welche Prioritäten man setzen soll. Dabei sind viele dieser Gefahren – wenn nicht gar alle – schon vor Jahrhunderten oder sogar Jahrtausenden verkündet worden! Wir haben aber nicht hören und nicht sehen wollen. Und am meisten Sorge bereitet mir, daß wir trotz unserer jetzigen Kenntnis der Sachlage noch immer nichts oder doch sehr wenig tun, um das furchtbare Schicksal, das wir selbst heraufbeschwören, doch noch abzuwenden. Ist es schon zu spät, um die unglaubliche Beschleunigung der Gefahren zu hemmen?

Überall nämlich sehe ich, daß wir in einer Zeit leben, in der sich alles beschleunigt. Ist es etwa nur ein Zufall, daß sich 1991 eine bis dahin unerreichte Zahl von Katastrophen ereignet hat? Daß so viel passiert ist, behaupte nicht ich, sondern der Informationsdienst der französischen Versicherungen, dessen Statistik mehr als hundert Überschwemmungen, Orkane, Vulkanausbrüche und Erdbeben aufführt. Daneben kam es zu fünfzig Großbränden, ebenso vielen größeren Eisenbahn- und Autounfällen, vierundvierzig Schiffbrüchen und achtundzwanzig Flugzeugabstürzen. Nie zuvor hatte die Welt einen so hohen Tribut an Menschenleben und Naturwerten entrich-

ten müssen. Und auch das Jahr 1992 lief nicht gerade glimpf-
lich ab.

Doch handelt es sich dabei meiner Ansicht nach lediglich um
»Warnungen«, so mörderisch sie auch sein mögen. Was die
Spezialisten der Biosphäre uns vorhersagen, ist denn auch weit
alarmierender. Ironischerweise setzen sie dabei lediglich in
Zahlenmaterial um, was von den Propheten schon seit Jahr-
hunderten und Aberjahrhunderten beteuert wird.

Erinnern wir uns daran, was der heilige Johannes sagt, als er
von der zukünftigen Apokalypse spricht: »Da kam die Stunde
zur Vernichtung derer, die die Erde verderben.«

Die erste Bedrohung, die ich hier aufführen möchte, wäre eigentlich die mit den meisten Fragezeichen versehene, wenn ihr
nicht kürzlich durch eine Entdeckung neue Brisanz erwachsen
wäre. 1989 haben nämlich drei französische Astronomen durch
das Teleskop ihres Observatoriums an der Côte d'Azur einen
großen Asteroiden wahrgenommen, der sich auf die Erde zu-
bewegte! Sie nannten diesen Himmelskörper »Teutates«, wohl
in Anspielung auf die Angst der alten Gallier, von denen es ja
heißt, sie hätten sich einzig und allein davor gefürchtet, daß ihnen der Himmel auf den Kopf fiele.

Hat diese Angst ihre Berechtigung? Unmöglich, mag man mir
entgegnen. Und doch haben wir es mit solchen Erscheinungen
bereits zu tun gehabt. Im März 1989 sind wir schon einmal
knapp davongekommen, als ein anderer, mittelgroßer Asteroid – von circa dreihundert Metern Durchmesser –, der auf den
Namen »1989 FC« getauft wurde, die Erde nur um 700 000 Kilometer verfehlt hat, was der doppelten Entfernung von der
Erde zum Mond entspricht. Das sieht auf den ersten Blick nicht

so aus, als müßte man sich Sorgen machen, und tatsächlich war die Entfernung so beträchtlich, daß uns keinerlei Schaden entstanden ist. Legt man aber kosmische Maßstäbe an, so können wir von Glück reden. Im Falle eines Zusammenstoßes mit der Erde hätte »1989 FC« einen fünfhundert Meter tiefen und fünfzehn Kilometer breiten Krater bohren und damit eine Schockwelle auslösen können, die auf einer dem Großraum Paris entsprechenden Oberfläche jegliches Leben ausgelöscht hätte.

Nun ist es so, daß unser Sonnensystem von Asteroiden und Kometen nur so wimmelt. Gegenwärtig geht man davon aus, daß sich etwa hundert verschieden große Himmelskörper auf einer Umlaufbahn befinden, die sich mit der der Erde schneidet. Durch die Fortschritte der Astronomie werden ständig neue entdeckt. Zum Glück ist unser Planet mit einem wirksamen Schutzsystem ausgestattet: Die Meteoriten, die uns zu nahe kommen, werden von den dichteren Schichten der Erdatmosphäre gebremst und verglühen schließlich. Als Partikelchen oder höchstens als harmlose Steinchen fallen sie dann zur Erde.

Dieser Schutz hat sich jedoch nicht immer als ausreichend erwiesen. Um ein Beispiel dafür anzuführen, braucht man nicht allzuweit zurückzublicken: Im Jahre 1908 ist ein glücklicherweise ziemlich kleiner Meteorit in der Tunguska in Sibirien niedergegangen. Die Passagiere der Transsibirischen Eisenbahn sahen eine dicke Feuerkugel über den Himmel fahren. In der Taiga richtete sie über Dutzende von Kilometern Verwüstungen an und knickte Bäume wie Streichhölzer. Bevor der Meteorit auf der Erde aufprallen konnte, zerfiel er zwar, doch ließ die Explosion den Boden erzittern, und durch die Druckwelle wurden die Hütten der Tungusen umgeblasen und im Umkreis von sechzig Kilometern Türen und Fenster beschädigt. Die Bewohner der Gegend glaubten, es sei soeben ein alter sibirischer Mythos wahrgeworden, nach dem die Erde eines Tages von einem Feuersturm hinweggefegt wird. Zum »Glück« ist damals der Meteorit auf einem nur gering besiedelten Landstrich niedergegangen. Man braucht sich nur einmal vorzustellen, zu was für einer Katastrophe es hätte kommen können, wenn er auf eine Großstadt gefallen wäre!

Nun handelte es sich aber wie gesagt um einen kleinen Meteoriten. Wissenschaftler haben zu ermitteln versucht, welche Schäden ein Himmelskörper mit einer Masse von tausend Milliarden Tonnen anrichten würde, dessen Größe lediglich einem Würfel mit zehn Kilometer langen Seiten entspräche. Durch die beim Aufprall freiwerdende Energie würde die Temperatur der Atmosphäre bis auf zweihundert Grad ansteigen, und es würde zu gigantischen Erdbeben kommen. Fiele der Meteorit ins Meer, so kämen wir dabei nicht besser weg. Es würden dann turmhohe Flutwellen das Land überschwemmen und alles fortspülen. Die tektonischen Platten würden aneinanderstoßen und dabei Kontinente verschlingen, gähnende Spalten würden sich auftun, und alle Vulkane würden erwachen und Lavamassen ausspucken.

Daß es zu solch einer Katastrophe kommt, ist zwar nach Ansicht von Astronomen recht unwahrscheinlich. Und dennoch besteht diese Möglichkeit ... Was Meteoriten früher schon auf Erden angerichtet haben, kann man mancherorts an den Spuren riesiger Krater ablesen, sofern die Erosion sie nicht verwischt hat. In Mexiko erreicht einer dieser Krater einen

Durchmesser von beinahe zweihundert Kilometern! Nach Schätzungen von Geologen dürfte er sich vor ungefähr 65 Millionen Jahren gebildet haben, also seltsamerweise gerade zu der Zeit, als die Dinosaurier ausstarben. Die Tiere, die die Katastrophe selbst überlebt hätten, seien an der darauf folgenden Abkühlung des Planeten zugrunde gegangen. Durch den Aufprall seien ungeheure Felsmassen zu Staub zerfallen, der sich in der Stratosphäre zu einer dicken, sonnenundurchlässigen Schicht verdichtet und dadurch auf der Erde zu einem Temperaturabfall geführt habe. Zahlreiche Tier- und Pflanzenarten seien diesem Phänomen zum Opfer gefallen. Die Zeit der Dinosaurier war vorbei. Ein Zyklus ging zu Ende, ein anderer nahm seinen Anfang. In der Geologie entspricht diese Epoche dem Übergang vom Kreide- zum Tertiärzeitalter.

Ein Meteorit von einem Kilometer Durchmesser würde also nicht gerade die Explosion der Erde bewirken, aber doch eine den ganzen Globus betreffende Katastrophe. Durch den Zusammenstoß würden Zehntausende von Felsstücken wie ein gewaltiger Geysir weit in den Himmel hinaufschießen und dann mit rasender Geschwindigkeit wieder herabfallen. Dieser glühende Regen könnte Milliarden von Menschen töten und die Häuser, die Vegetation und die Ernten vernichten. Meint Nostradamus etwa ein solches Phänomen, als er im Vorwort zu seinen Prophezeiungen schreibt: »Mit Steinen vermischtes Feuer wird in solchen Massen herabfallen, daß man sich nirgends wird aufhalten können, will man nicht erschlagen werden.«?

Und wird der Fall eines Meteoriten nicht auch in den Versen acht bis zwölf von Kapitel 8 der Johannes-Apokalypse angekündigt? »Da wurde etwas wie ein großer feuerglühender

Berg in das Meer geworfen, und der dritte Teil des Meeres wurde zu Blut.« Etwas weiter heißt es: »Es entstand ein gewaltiges Beben, die Sonne wurde schwarz wie ein härener Sack, und der ganze Mond wurde wie Blut. Die Sterne des Himmels fielen auf die Erde, wie der Feigenbaum seine unreifen Früchte abwirft, wenn er vom Sturmwind geschüttelt wird.« (Der Gebrauch des Präteritums ist in den biblischen Prophezeiungen üblich. Er bedeutet nicht, daß die dargestellten Ereignisse tatsächlich stattgefunden haben. Es handelt sich dabei um zeitlose Visionen, die so aufzufassen sind, als seien diese Dinge im weltgeschichtlichen Maßstab schon vorherbestimmt.)

Wenn der Himmel in Zorn gerät, ist es nicht weiter verwunderlich, wenn die Strafe von oben kommt …

Wird »Teutates« das Werkzeug des himmlischen Zornes sein? Gerade habe ich erfahren, daß er in einer Entfernung an uns vorbeigeflogen ist, die etwa dem zehnfachen Abstand von der Erde zum Mond entspricht. Ob er wohl wiederkommen wird? Daß er uns verfehlt hat, sollte uns vielleicht als Warnung dienen. Nun, wenn nicht »Teutates« wiederkommt, dann eventuell sein Bruder …

Auch im Koran ist von einem solchen Ereignis die Rede: »Der Himmel wird schmelzen und dann in tausend Stücke zerspringen … Land und Berge werden in die Lüfte gehoben werden und dann mit einem Schlag zu Staub zerfallen.« Eine derartige Staubwolke, die durch den Aufprall eines Asteroiden und das planetenweite Erwachen vulkanischer Tätigkeit entstehen könnte, würde vermutlich die Sonne mehrere Tage lang verdunkeln. Würden dann die drei Tage der Finsternis kommen, von denen die Bibel spricht?

Es läßt sich ein anderes Szenario vorstellen, das auf das gleiche Ergebnis hinausliefe. Der Zusammenstoß mit einem Himmelskörper könnte eine Verschiebung der Erdachse bewirken. Bei Isaias heißt es (24, 19–20): »Es bricht, ja zerbricht die Erde; es reißt, ja zerreißt die Erde; es wankt und schwankt die Erde. Die Erde torkelt und taumelt wie ein Betrunkener; wie eine Nachthütte bebt sie hin und her; schwer lastet ihr Frevel auf ihr.« Durch eine Achsenverschiebung könnte die Erdrotation zeitweilig beeinträchtigt oder gar aufgehoben werden. Eine Hälfte des Globus wäre dann tagelang den Sonnenstrahlen ausgesetzt, während die andere in eiskalte, vollkommene Dunkelheit getaucht würde. Wieder die drei Tage der Finsternis.

Selbstverständlich sind das alles nur Vermutungen. Es gibt keinen Grund zur Besorgnis ... solange uns nur kein Meteorit zu nahe kommt. Die heiligen Schriften bezwecken nicht, uns zu erschrecken, sondern uns zu warnen und uns zur Wachsamkeit anzuregen. Doch wenn der Kosmos es so will, dann wird uns einmal »Teutates« oder ein anderer Asteroid in die Quere kommen, und dann wird uns der Himmel auf den Kopf fallen. Schenken wir also den Sternen ruhig etwas mehr Aufmerksamkeit. Es kann ja nicht schaden, wenn unsere Augen und unsere Seele sich zum Firmament erheben.

Leider ist die Erde auch weniger hypothetischen und weit unmittelbareren Gefahren ausgesetzt als der Bedrohung durch einen Meteoriten. Diese haben zumindest den Vorteil, daß wir mehr Einfluß auf sie nehmen können als auf die Laufbahn eines Himmelskörpers.

Die Hauptgefahr, und darin sind sich alle Wissenschaftler einig, ist die Überbevölkerung. Es vermittelt uns auch kein Bereich eine bessere Vorstellung davon, wie ungeheuer schnell sich die uns drohenden Gefahren beschleunigen. Die Bevölkerungsexplosion ist ja ein ziemlich neues Phänomen, das sich im großen und ganzen im Zeitalter der Fische entwickelt hat. Jahrtausendelang war die Erde nur von sehr wenigen Menschen bewohnt. Die Weltbevölkerung zur Zeit Christi schätzt man auf etwa zweihundert Millionen. 1750 waren es dann siebenhundert Millionen. Erst in der Endphase des Kali-Yuga begannen die Zahlen rapide zu steigen. Ironischerweise ist diese Bevölkerungsexplosion zum Teil auf die Segnungen der Wissenschaft zurückzuführen, der es endlich gelang, die Kindersterblichkeit zu verringern und die Lebenserwartung zu verlängern. Zwischen 1850 und der Mitte unseres Jahrhunderts wuchs die Menschheit von 1,1 Milliarden auf 2,5 Milliarden an.

Danach setzte ein wahrer Galopp ein. 1975 wurde die Viermilliardenschwelle erreicht, zwölf Jahre später waren es fünf Milliarden, und heute sind es nach letzten Schätzungen an die 5,6 Milliarden. Jeden Tag kommen 220 000 Babys zur Welt, zwei pro Sekunde! Die astronomische Zahl von zehn Milliarden Erdbewohnern, die man gestern noch als reine Phantasterei abgetan hätte, wird mittlerweile schon fast wie eine Selbstverständlichkeit für das Jahr 2050 vorhergesagt.

Wenn man bedenkt, daß die Hälfte der gegenwärtigen Weltbevölkerung unter dem Existenzminimum lebt oder gar ständig vom Hunger bedroht ist, darf man sich fragen, was diesen zusätzlichen fünf Milliarden Menschen für ein Schicksal beschieden sein wird. Wie sollen wir für ihren Lebensunterhalt sorgen, wo doch heute schon so viele kaum genug zum Überleben haben? Und das Traurigste daran ist die Tatsache, daß die Armut eines Großteils der Menschheit uns die jetzige Gnadenfrist überhaupt erst ermöglicht: Wenn auf dem ganzen Planeten der gleiche Lebens- oder besser gesagt Todesstil vorherrschen würde wie in den verschwendungssüchtigen Industrieländern, dann könnten wir den Laden schon längst dichtmachen.

Wie schrecklich klingt angesichts dieser Situation der folgende Satz aus dem Sanskritepos »Mahabharata« (12. Gesang, 248, 13–17): »Die Vernichtung des Menschengeschlechtes wird stattfinden, wenn der Schöpfer gegen die unheilvolle und unvorhergesehene Vermehrung der Lebewesen kein anderes Mittel mehr weiß als die völlige Zerstörung der Welt.«

Mit dem entfesselten Bevölkerungswachstum kann die Nahrungsmittelproduktion nicht Schritt halten. Zwischen den Mäulern, die zu stopfen sind, und unseren Lebensmittelressourcen tut sich eine immer tiefere Kluft auf. Der Hunger richtet nicht nur in Somalia fürchterliche Verheerungen an, sondern bedroht einen Großteil des afrikanischen, aber auch des asiatischen und des südamerikanischen Kontinents. Hören wir, was der Seher Vatiguerro zu Anfang des 16. Jahrhunderts in seinem »Liber Mirabilis« (dem *Buch der Verwunderung*) für ein schreckliches Bild von dem Unheil zeichnet, mit dem das 20. Jahrhundert zu Ende gehen soll: »Es wird eine erstaunliche und grausame Hungersnot kommen, die überall auf Erden und insbesondere im Abendland so groß sein wird, daß man seit Anbeginn der Welt noch nie von einer solchen gehört haben wird.« Ähnliches verkündet Nostradamus im 67. Vierzeiler seiner I. Centurie:

Solche Hungersnot herein wird brechen,
Anfangs wandeln, später allgemein,
Daß sie Wurzeln aus dem Boden stechen,
Kinder nach der Brust vergebens schrei'n.

Die beiden Seher geben uns zu verstehen, daß auch der Westen, der in solchem Überfluß zu leben scheint, vor Hunger nicht gefeit ist. Auslöser dafür könnte ein durch die Umweltverschmutzung verursachtes Abreißen der Nahrungskette oder eine Bodenverseuchung nach einem Atomkrieg sein.

Eine Zeitlang waren wir in unserer blinden Fortschrittsgläubigkeit der Meinung, durch die »Grüne Revolution« würden all unsere Probleme gelöst. Durch die Erkenntnisse der Wissenschaft würden sich die Ernteerträge auf spektakuläre Weise erhöhen lassen, und auf Erden müßte niemand mehr Hunger leiden. So wurden Hybriden gezüchtet, die sich dreimal pro Jahr abernten lassen. Damit hoffte man das Gleichgewicht zwischen Bevölkerungswachstum und Lebensmittelproduktion aufrechterhalten zu können. Leider hat sich dieser Traum als Utopie erwiesen. Der Wettlauf scheint von vornherein aussichtslos zu sein. Schlimmer noch: Bei der »Grünen Revolution« sind der Umwelt durch den rücksichtslosen Einsatz von Kunstdüngern und Pestiziden unerhörte Belastungen zugemutet worden. In nicht wenigen Prophezeiungen heißt es, daß eines Tages die Bäume keine Früchte mehr tragen und der Ackerboden zu einer dünnen, unfruchtbaren Schicht verkommen wird.

Die Bevölkerungsexplosion an sich wäre keine Katastrophe, wenn sie nicht die Zerstörung der Umwelt zur Folge hätte. Mit

der Überbevölkerung geht nämlich eine ganze Reihe von De-
sastern einher. Schließlich müssen alle irgendwo wohnen, sich
ernähren, kurz: konsumieren. In den unterentwickelten Ländern führt die Überstrapazierung der Weideflächen zur Deser-
tifikation, und in den Industrieländern werden Tag für Tag
Dutzende von Quadratkilometern anbaufähigen Bodens zu-
betoniert.

Verblendet von unserer unersättlichen Gier, erschöpfen wir
mit ständig wachsender Geschwindigkeit die Ressourcen, die
die Erde uns zur Verfügung gestellt hat. Wir verschwenden,
was das Zeug hält, werfen die natürlichen Energien wie Erdöl
und Kohle zum Fenster hinaus und beuten schamlos die Bo-
denschätze aus. »Die Erde wird nur mehr wegen ihrer Boden-
schätze geachtet werden«, heißt es im »Wischnu Purana«, einer
mehrere Jahrhunderte vor Christi entstandenen Hindu-
Schrift.

Während wir aber früher diese Energiequellen noch unermeß-
lich wähnten, stellen wir heute voller Verblüffung fest, daß
in einigen Jahrzehnten unsere Erdölreserven verbraucht sein
werden. Vermutlich in fünfzig, spätestens aber in achtzig
Jahren wird bei unserem derzeitigen Konsumtempo kein
Tropfen Erdöl mehr da sein. Und das ist nur ein Beispiel unter vielen. Unser Planet ist nicht bis ins Unendliche ausbeut-
bar. Um unser Überleben zu sichern, müssen wir daher schleu-
nigst umdenken und unser Konsumverhalten radikal än-
dern.

Statt dessen schlägt menschlicher Leichtsinn der Erde weiterhin tiefe Wunden. Vom Flugzeug aus ist unser Globus schon
kaum mehr wiederzuerkennen. Eine weitere fatale Folge der

Überbevölkerung ist nämlich die immer schneller fortschreitende rücksichtslose Entwaldung des Planeten. Millionen Hektar jener Bäume, die blätterrauschend der Vierten Vibrationsebene entgegenstreben, werden Jahr für Jahr abgeholzt. Von den stolzen 3,2 Millionen Quadratkilometern Wald, mit denen Nordamerika vor dem Eintreffen der Europäer bestanden war, sind heute noch kümmerliche 0,2 Millionen übrig.

Der Regenwald schließlich, der die Erde wie eine Art Sicherheitsgürtel umgibt, wird mit atemberaubender Geschwindigkeit kahlgeschlagen. An der Elfenbeinküste und in Nigeria ist er praktisch schon ausradiert; auf dem Rest des Planeten dürfte es in etwa fünfzig Jahren so weit sein. Wenn man weiß, wie sehr unsere Existenz auf diese ausgedehnten Waldflächen angewiesen ist, dann kommen einem Zweifel am Fortbestand der Menschheit. Vielleicht verdient diese ja eine Strafe für das, was von manchen als das größte jemals vom Menschen begangene biologische Verbrechen bezeichnet wird? Erinnern wir uns der Verwünschung, die Isaias (33, 1) ausstößt: »Wehe dir, Verwüster, den man noch nicht verwüstet hat, wehe dir, Räuber, den man noch nicht beraubte! Bist du mit dem Verwüsten fertig, so wirst du verwüstet, bist du mit dem Rauben zu Ende, so beraubt man dich!« Ganze Kulturen werden untergehen, und durch Rodungen und übermäßige Bodennutzung werden riesige Flächen versteppen oder verwüsten. Es werden nicht mehr genug Bäume vorhanden sein, um Kohlendioxid in Sauerstoff umzuwandeln. Der zunehmende Kohlendioxidanteil in der Atmosphäre wird den Treibhauseffekt beschleunigen und dadurch zu einer Erwärmung der Erde führen. Dazu muß man wissen, daß eine Erhöhung der Erdtemperatur um nur ein Grad Länder wie

Bangladesch, die Niederlande oder die polynesischen Atolle überschwemmen würde.

Durch die Entwaldung werden aber auch andere lebenswichtige Ressourcen gefährdet. Zusammen mit dem Wald werden nämlich zahllose Pflanzen- und Tierarten aussterben, denen wir nicht nur aus Sentimentalität nachtrauern werden, sondern auch deshalb, weil sie ein Potential an neuen Kulturen, Medikamenten, Fasern und Nahrungsmitteln darstellen. Allein der Mais findet bei der Herstellung von Aspirin, Penicillin, Papier und Kunststoffen Verwendung.

Überall sehen wir – ohnmächtig? – der Verschwendung von Reserven zu, durch die wir noch jahrtausendelang unser Überleben sichern könnten, wenn wir nur verantwortungsvoll damit umgehen würden.

Der Mensch hat den Blauen Planeten so sehr verschmutzt, daß dieser bald seinen Namen nicht mehr verdient. In skrupelloser Weise hat man sich am Ozean vergangen, der bei Homer der Vater aller Götter ist. Gleich ob süß oder salzig, das Wasser ist nach Thales von Milet der »Ursprung aller Dinge«: es erzeugt, belebt, regeneriert und befruchtet. Die Geringschätzung, mit der wir diesen Schatz unbekümmert vergeuden, sagt viel über unsere Einstellung zum Leben aus.

Lange hat man zur Selbstberuhigung ein Hoheslied auf die Regenerationsfähigkeit des Meeres gesungen. Man behauptete einfach, das Meer würde mit allem fertig werden, was wir ihm zumuteten: Abwässer aus Kanalisationen und Fabriken, Verklappung auf hoher See, Ölpest, saurer Regen usw. Man ging sogar so weit, dort Nuklearabfälle zu lagern und so zu tun, als wären sie dann in völliger Sicherheit. Frankreich, das weltweit am meisten auf die Atomkraft setzende Land, weiß heute schlicht und einfach nicht mehr wohin mit seinen radioaktiven Abfällen.

Kürzlich hat die Weltöffentlichkeit bestürzt erfahren, daß in den Ozeanen mehrere atomare Unterseeboote auf Grund gelaufen sind. Diese in Küstennähe liegenden sowjetischen beziehungsweise amerikanischen Wracks könnten sich als Zeitbomben erweisen, mit denen unsere Zauberlehrlinge in ihrem Leichtsinn nicht gerechnet haben. Zahllose russische Kriegsschiffe, die aus Geldmangel nicht mehr instand gehalten werden, verrotten in ihren Heimathäfen und lassen Treibstoff und andere giftige Substanzen einfach ins Meer ab.

Zahlreiche Binnenmeere sind heute schon unmittelbar vom Absterben bedroht. Ihre Fischbestände erneuern sich nicht mehr, wenn sie nicht ohnehin schon ungenießbar sind. Alten Überlieferungen zufolge sind Wale und Delphine außerirdische Säugetiere, die von den Göttern in unsere Meere verbracht wurden, um von dort aus den Zustand unseres Planeten zu überwachen. Was soll nun geschehen, wenn diese intelligenten Tiere durch unsere vergifteten Meere umgebracht werden?

Wenn wir das Wasser schon nicht vergiften, dann überfüttern wir es. Phosphor in Form von Phosphaten ist zwar an sich nicht giftig, führt aber als starkes Düngemittel bei übermäßigem Gebrauch zu einer Algenvermehrung, durch die dem Wasser der Sauerstoff entzogen wird, so daß es zu massivem Fischsterben kommt. So erstickt die auch »Burgunderblut« genannte Rotalge »Oscillatoria rubescens« viele unserer Seen. »Und der dritte Teil des Meeres wurde zu Blut ...«

Selbst die Trinkwasserqualität verschlechtert sich zusehends. Auch auf die Gefahr hin, wieder der Panikmache bezichtigt zu werden, muß ich anmerken, daß zum Beispiel in Paris das Leitungswasser in mehrfacher Hinsicht nicht mehr dem vorgeschriebenen Standard entspricht. Es wurden darin fünfmal so viele Nitrate und Rückstände von Schädlingsbekämpfungsmitteln entdeckt wie vor fünfzehn Jahren. Dadurch könnte es zu vermehrtem Auftreten von Krebs und Bluterkrankungen kommen. Im New Yorker Trinkwasser wurden die von der Weltgesundheitsorganisation festgelegten Grenzwerte für das gefährliche Nervengift Aldicarb überschritten. So wird man die Menschheit »mit gift'gem Schwefelwasser tränken« (Nostradamus, X. Centurie, 49. Vierzeiler).

Es handelt sich dabei um ein weltweites Phänomen, von dem Stadt und Land betroffen sind. Der Baikalsee in Zentralsibirien ist der tiefste See der Welt; heute gilt dieses einzigartige Ökosystem als dem Tod geweiht, da die Abwässer von Papier- und Zellulosefabriken es allmählich dahinsiechen lassen. »Es wird zu einem Wassermangel kommen«, heißt es in fast allen Prophezeiungen.

Wenn der Boden und das Wasser vergiftet sind, dann ist unsere Nahrung es zwangsläufig auch. Wer könnte mit Bestimmtheit sagen, wie all die Giftstoffe, die wir wohl oder übel in uns aufnehmen, sich auf unseren Organismus und insbesondere auf unsere Neuronen auswirken? Das Fleisch enthält synthetische Hormone, und die in der Landwirtschaft verwendeten Insektizide werden heute mit Leukämie, Fehlgeburten und diversen Störungen des Nervensystems in Verbindung gebracht. Jedes Jahr erleidet fast eine Million Menschen Vergiftungen durch irgendwelche Pestizide. Wem ist schon bewußt, daß er jeden Morgen über den Kaffeefilter oder den Teebeutel eine wenn auch noch so geringe Menge des bei der Papierbleichung benutzten Giftes Dioxin zu sich nimmt? Zahlreiche Farbstoffe, deren krebserzeugende Wirkung belegt ist, sind bis heute nicht vom Markt genommen worden. Nach Ansicht von Fachleuten ist die Mehrzahl der Krebsfälle auf die Verschlechterung der Umweltbedingungen und der Ernährungsweise zurückzuführen. Da nützt es auch nichts, sich auf Gemüse aus »biologischem Anbau« zu stürzen, das ja auf dem gleichen Boden wächst und mit dem gleichen Wasser gegossen wird wie anderes Gemüse auch. In den Industrieländern kommen heute auf ein Kilo Lebensmittel beinahe zehn Gramm chemischer Zusätze!

Auch intensives Fasten bietet dagegen keinen Schutz, da auch unsere Atemluft gefährlich ist. Untersuchungen haben ergeben, daß bei Bevölkerungsgruppen, die im Umfeld von Industrieanlagen leben, Symptome wie Kopfschmerzen und Hormonstörungen dramatisch ansteigen.

Indem Giftstoffe unser Immunsystem angreifen, machen sie uns anfälliger für Viruskrankheiten. Wer weiß, ob sie nicht auch zumindest teilweise für so negative Zeiterscheinungen wie Aggressivität, Streß und Depressionen verantwortlich zu machen sind? Muß erst eine Generation von Mutanten heranwachsen, bevor wir endlich reagieren? Eines Tages könnte die Erde die nötig gewordene Säuberung selbst vornehmen.

Doch brechen wir hier die traurige Aufzählung der uns bedrängenden Umweltprobleme ab. Man müßte ein ganzes Buch schreiben – und ein recht deprimierendes noch dazu –, um die zahllosen Beschwerden des Blauen Planeten alle aufzuführen.

»Es trauert und verwelkt die Erde ... Entweiht ist ja die Erde unter ihren Bewohnern; denn sie übertraten die Gebote, verletzten das Gesetz, brachen den ewigen Bund«, heißt es bei Isaias (24, 4–5). Mehr als bewahrheitet haben sich die Befürchtungen von Hermes Trismegistos, der in seinem »Corpus Hermeticum« schrieb: »Die Welt wird den Menschen nicht mehr würdiger Gegenstand der Bewunderung und der Ehrfurcht sein. Nur noch Verachtung und keine Liebe mehr werden sie der Gesamtheit des Universums entgegenbringen, dem unvergleichlichen Werk Gottes, dem ruhmreichen Gebilde, der Schöpfung voller Güte in unendlicher Vielfalt, dem Werkzeug Gottes, der uns ohne Neid seine Gunst in dem Werk bezeigt, in dem sich in einem Ganzen in harmonischer Vielfalt alles zusammenfügt, was sich dem Blick an der Ehrfurcht, des Lobes und der Liebe Würdigem bieten kann.«

Wir haben vergessen, daß Gaia, unsere Nährmutter Erde, ein Ganzes ist, und mehr noch: ein lebendiges Wesen. Der moderne Mensch hat sich von der Natur gelöst; er wollte sie zu einem von sich selbst unabhängigen Objekt machen, um sie dann nach Belieben beherrschen zu können. Dabei hat er aus den Augen verloren, daß sein eigenes Überleben von der Harmonie abhängt, die zwischen ihm und seiner Heimstatt besteht.

Aufgrund der jüngsten wissenschaftlichen Theorien scheint sich auf diesem Gebiet eine wahre Revolution zu vollziehen. Der Engländer Lovelock sieht Gaia als einen lebenden Organismus an, der gleich dem menschlichen Körper über Selbstregelungsmechanismen verfügt, um für seine Existenz notwendige oder seine Entwicklung begünstigende Bedingungen aufrechtzuerhalten. Das bedeutet, daß zwischen den auf der Erde lebenden Organismen und ihrer Umwelt eine totale Symbiose besteht. Das simpelste und bekannteste Beispiel dafür ist wohl die quasi konstante Beibehaltung der Sauerstoffmenge. Sie rührt von einem Kompromiß her, der zwischen den Sauerstoffverbrauchern Mensch und Tier einerseits und den Kohlendioxidverbrauchern, nämlich den Pflanzen, andererseits besteht. Laut Lovelock hat »das System Gaia viele Gemeinsamkeiten mit der Physiologie der Warmblüter: Die Atmosphäre kann als Lunge des Planeten angesehen werden, das Wassersystem mit den Flüssen und Meeren als das im Kreislauf fließende Blut.« Die lebenden Organismen seien gleichsam die Detektoren der Erde, und die Wechselwirkung zwischen den verschiedenen Arten sorge für den Stoffwechsel des Planeten. Durch eine Naturkatastrophe wie einen Vulkanausbruch oder eine Flut kann dieses Gleichgewicht zeitweise gestört werden, doch das Leben stellt es wieder her.

Kurz gesagt, die Erde ist »intelligent«, was von den Esoterikern seit jeher behauptet wird. Natürlich handelt es sich dabei nicht um eine menschliche, sondern um eine »biologische«, ja »kosmische« Intelligenz. Leider ist der Mensch durch sein rücksichtsloses Verhalten dabei, die Mechanismen, mit denen Gaia ihre Homöostase aufrechterhalten hat, auf gefährliche Weise zu unterminieren. Trotz seiner Selbstregelungsfähigkeiten ist unser Ökosystem heute zum ersten Mal in seiner Geschichte zu vielen Belastungen ausgesetzt und befindet sich in echter Gefahr. Lovelock geht sogar so weit, von der »Geißel Mensch« zu sprechen. Und er warnt uns: Gaia sei zwar zu ungeheurer Großzügigkeit imstande, sofern man sie respektiere, doch könne sie bei schlechter Behandlung auch Vergeltung üben. »Es ist im Interesse der Menschheit, mit der Erde in gutem Einvernehmen zu leben. Andernfalls würde Gaia zwar weiterleben ... aber mit einer neuen Biosphäre, zu der der Mensch vielleicht nicht mehr gehören würde.« Was für eine grandiose Rache!

Wie könnte die Erde diese Rache nun gestalten? Die Wissenschaft hat dazu sicher ihre Version parat, die Esoterik aber eine andere, gewissermaßen »belebtere«. Der Blaue Planet verfügt über vier Elemente, die ihn schützen und die zum Werkzeug seines Kampfes gegen die Geißel Mensch werden könnten. Diese Elemente – Erde, Wasser, Luft und Feuer – werden durch die Swastika symbolisiert, das Hakenkreuz, das auf so verhängnisvolle Weise vom Nationalsozialismus vereinnahmt wurde. Dieses atlantische Sinnbild, das von Mittelamerika bis zum Fernen Osten anzutreffen ist, besteht aus vier abgewinkelten Armen, die sich um den Mittelpunkt drehen und für den schöpferischen Wirbel stehen, für die Entwicklung der Welt um einen festen Punkt herum, der Gott ist. Hitler hat dieses Symbol übernommen, doch hat er die Drehrichtung umgekehrt. Die positive Drehbewegung ist dadurch negativ und zerstörerisch geworden.

Den vier Elementen von Gaia stehen hilfreiche Geister zur Seite. Die Erde hat ihre Gnomen, die nach alter Überlieferung als kleine, unter der Erde und in Felsen lebende Kobolde auftauchen können. Die Undinen wiederum, sirenenartige Wesen mit langem Fischschwanz, herrschen über das Wasser. Die Lüfte sind von den Sylphen bewohnt, einer Art großer Vögel mit riesigen Flügeln und grazilem Körper. Die Feuergeister schließlich, eine Art Eidechsen oder Zwergdrachen, leben im Feuer und nähren sich von ihm.

Diese Geister sind die Seele der Dinge; sie stellen die in der Natur tätigen schützenden Energien dar. Sie haben kein Bewußtsein und keine eigene Persönlichkeit und sind nur zum Schutz der Erde geschaffen worden. Gewöhnlich zeigen sie sich nicht, und wer nicht an sie glaubt, für den sind sie völlig unsichtbar. Manchmal aber treten sie in Erscheinung ...

Auf einem Heimflug von Tokio saß ich letztes Jahr einmal wie üblich am Fenster. Als ich gerade hinaussah, nahm ich plötzlich ein höchst merkwürdiges Pfeifen wahr. Natürlich nahm ich zuerst an, dieses Geräusch müsse vom Motor herrühren. Ich beugte mich ein wenig vor und sah in der Verlängerung des Tragflügels eine riesige, spitz zulaufende Wolke. Mit einem Male nahm diese Wolke die Form eines Vogels an und flog mit kaum wahrnehmbarem Flügelschlag davon.

Ich weiß, wie seltsam dies jemanden anmuten mag, der solcherlei noch nicht selbst erlebt hat. Doch was wir für unbelebte Materie halten, hat eine Seele und hat Leben, auch wenn sie versteckt sind. Kristalle, Meeresstrudel, Flammen und selbst Windstöße sind diesen geheimnisvollen Wesen Zufluchtsort und können als Anzeichen für sie gewertet werden. Als Kind hörte ich in der Bretagne die Bauern erzählen, man müsse beim Pflügen stets ein Stückchen Erde brachliegen lassen, damit die Kobolde und die Feen darauf tanzen könnten. Der französische Philosoph Gaston Bachelard behauptete, diese Geister kämen »zu uns, wenn man sie bei ihrem Namen« riefe. Sichtbar sind sie jedenfalls nur für den, der die Brücke überschritten hat, die uns mit dem Jenseits verbindet. Für den also, der sich die Fähigkeit bewahrt hat, die Welt zu bestaunen und zu bewundern. Und steht dies nicht auch schon in der Bibel? »Wer das Reich Gottes nicht annimmt wie ein Kind, der wird nicht hineinkommen.«

Die Gnomen könnten sich von guten Geistern in böse wandeln. Ihre ursprüngliche Aufgabe war es, den Menschen zu helfen, doch könnten sie sich gegen diese auch auflehnen. Um sich vom Schädling Mensch zu befreien, wird die Erde ihre Kruste zum Erzittern bringen. In allen Prophezeiungen werden fürchterliche Erdbeben vorhergesagt. Der Seher Vatiguerro schreibt in seinem »Buch der Verwunderung«: »Von Furcht gepackt, wird die Erde an mehreren Orten schreckliche Erschütterungen erleben und alle Lebewesen verschlingen: zahlreiche Städte, Festungen und Burgen werden einstürzen und zusammenfallen.« Bei Zacharias (14,4) ist von einer riesigen Spalte die Rede, die an das Auseinanderdriften der tektonischen Platten gemahnt: »Der Ölberg spaltet sich von der Mitte aus nach Osten und nach Westen, so daß ein sehr großes Tal entsteht. Die eine Hälfte des Berges weicht nach Norden, die andere nach Süden aus.«
Die Erdbebentätigkeit auf unserem Planeten war noch nie so stark wie in den vergangenen zwanzig Jahren. Von der amerikanischen Westküste bis zum Kaukasus und von China bis Ägypten vergeht heute kein Tag mehr, ohne daß irgendwo ein Erdstoß registriert wird. Die 67. Koransure fragt uns: »Seid ihr sicher, daß der, der im Himmel ist, nicht unter euren Füßen die Erde auftun wird? Schon erzittert sie.« Und in der 99. Sure heißt es:

Wenn die Erde in einem gewaltigen Beben erzittern wird
Und all ihre Bürde abgeworfen hat,
Wird der Mensch fragen: Was hat sie?
Dann wird sie erzählen, was sie weiß,
Was der Herr ihr einflüstern wird.

Unterstützt werden die Gnomen von den Undinen. Bekanntlich folgen auf Erdbeben oft riesige Flutwellen, die gefürchteten »Tsunamis«. Unvergessen bleibt die Katastrophe, zu der es 1952 in Valparaiso kam. Über die chilenische Stadt brach eine etwa vierzig Meter hohe Welle herein und riß Menschen und Häuser mit sich fort. Ausgelöst wurde diese Flutwelle in Sibirien, also in 15 000 Kilometern Entfernung!

»Die Meereswellen wogen an ferne Ufer und erschrecken die Völker«, heißt es in der Prophezeiung von Prémol, die 1783 in dem gleichnamigen Kloster aufgefunden wurde und mit erstaunlicher Deutlichkeit Begebenheiten der französischen Geschichte, insbesondere der Revolution und des napoleonischen Kaiserreichs, vorhersagt. Vatiguerro wiederum verkündet, das Meer werde »tosen und sich gegen die Welt erheben«.

Und was sagt die Wissenschaft? Als unmittelbare Folge des Treibhauseffekts wird die Erwärmung der Erde eine Gletscherschmelze und ein erhebliches Ansteigen des Meeresspiegels bewirken. Landstriche, Inseln, ja ganze Länder werden dann überschwemmt, und die Ozeane fließen zusammen.

Im »Wischnu Purana« werden wir auch vor sintflutartigen Regenfällen gewarnt: »Riesige Wolken werden die Erde bedecken. Dann werden sie in einer unendlichen Sintflut die ganze Welt ertränken. Der Regen wird die Erde zwölf Jahre lang ersäufen und die Menschheit vernichten. Die Erde wird wie ein riesiger Ozean erscheinen.«

Die Christen müßten eigentlich Grund zu der Hoffnung haben, daß diese Überschwemmungen sich in Grenzen halten und zumindest ein Teil der Landflächen verschont bleiben wird. Denn nach der Sintflut sprach Gott zu Noah: »Meinen Bund errichte ich mit euch: Es soll niemals wieder alles Leben von den Wassern der Flut ausgerottet werden, ja, es soll keine Flut mehr kommen, die Erde zu verderben.« Allerdings haben wir diesen Bund mißachtet, denn wir haben eine Bestimmung verletzt und den Schöpfer nicht als alleinigen Herren über das Leben anerkannt. Werden also die Undinen die Erde ertränken?

Eines steht fest: Die Sylphen werden bestimmt nicht zimperlicher sein. Diese zerbrechlichen Wesen können sich in unerbittliche Feinde verwandeln. Werden Flugzeuge nicht von den Lüften getragen? Was wäre nun, wenn die Sylphen sich dieser Arbeit nicht mehr unterziehen wollten? Wie bereits erwähnt, wurden in den letzten Jahren bei den Flugzeugkatastrophen Rekordziffern erreicht.

Darauf aber beschränken sich die Sylphen keineswegs. Sie können auch Stürme und Orkane hervorrufen. Durch eine Erwärmung des Planeten um ein Grad würde sich die Häufigkeit von Wirbelstürmen verdoppeln. Die Sylphen können auch den Boden für jegliche Bebauung unbrauchbar machen, indem sie die Ackerkrume in alle Winde zerstreuen. Sie können radioaktive Partikeln über Tausende von Kilometern hinweg verbreiten, wie dies nach dem Unfall in Tschernobyl geschehen ist. Als Beherrscher der Atmosphäre können sie davon absehen, die ultravioletten Strahlen zu filtern, und uns somit zu Tode grillen. Im Traum habe ich Menschen mit schwarzen Flecken und Verbrennungen gesehen, die von der Sonne verursacht wurden.

Vor allem aber können die Sylphen alle möglichen Viren und Giftstoffe mit sich führen. »Wegen der Menschen Bosheit und Sünde wird die Luft verpestet und verseucht werden«, sagt Vatiguerro voraus. »Der natürliche Strom der Luft wird durch Seuchen fast völlig verändert und verdorben. Menschen wie Tiere werden von verschiedenen Gebrechen und von plötzlichem Tode heimgesucht werden; es wird zu einer unbeschreiblichen Pest kommen.«

Der Mensch verfügt heute über ein beträchtliches Arsenal an tödlichen Gasen, was durch eine Vielzahl von Unfällen hinreichend bewiesen worden ist. Erinnern wir uns, was 1976 in Seveso geschah, als große Mengen des starken Giftes Dioxin freigesetzt wurden. In dem von der Giftwolke betroffenen Umkreis fielen die Vögel vom Himmel herab, die Haustiere verendeten, und das Gebiet mußte in aller Eile evakuiert werden. Bei vielen Menschen bildeten sich gräßliche Geschwulste; die am schlimmsten Erkrankten wurden an einem Ort isoliert, zu dem der Zutritt verboten war. Der Boden wurde durch das Gift so nachhaltig verseucht, daß er mit Bulldozern abgetragen werden mußte, was sich allerdings als bei weitem nicht ausreichend erwies. In der Folge wurde ein dramatischer Anstieg von angeborenen Mißbildungen verzeichnet, und die damals mit dem Gift infizierten Menschen haben noch heute mit Nachwirkungen zu kämpfen. Mittlerweile wurde auch publik, daß in Frankreich ganze Fässer voller Dioxin auf gewöhnlichen Müllhalden lagerten.

1984 entströmte dem Gasbehälter einer Insektizidfabrik im indischen Bhopal das äußerst flüchtige Methyl-Isocyanat. Bei Tausenden von Menschen im ganzen Umkreis wurden die Lungen befallen, sie spuckten Blut, und es brannten ihnen die Augen. Man schätzt, daß bei diesem »Unfall« etwa zehntausend Menschen zu Tode gekommen sind, zwanzigtausend Personen Behinderungen davongetragen haben und zweihunderttausend noch heute unter Sehstörungen oder Unterleibsschmerzen leiden; bei Frauen kam es zu gynäkologischen Beschwerden und Schwangerschaftsstörungen.

Seveso, Bhopal . . . Wo und wann wird die dritte große Chemiekatastrophe stattfinden? Die Armeen verfügen heute über Gase von unerhörter Wirkungskraft: Zwei Tausendstel Gramm genügen, um einen Menschen zu töten; mit fünfzig Kilogramm ließe sich die gesamte französische Bevölkerung auslöschen. Da hilft es auch nichts, sich mit einer Gasmaske zu versehen, da manche dieser Gase durch die Poren der Haut eindringen können!

Die heilige Hildegard von Bingen, die große Prophetin des 12. Jahrhunderts, warnt vor einer »großen Wolke, die einen fürchterlich faulen und wahrhaft höllischen Gestank verbreiten wird«.

Am mächtigsten aber werden die Sylphen sein, wenn sie sich mit den Feuergeistern verbünden.

Es stimmen praktisch alle Prophezeiungen darin überein, daß der göttliche Zorn sich am nachhaltigsten durch die Kraft des Feuers manifestiert. »Denn Feuer entfachte sich in meinem Zorn und brennt bis zu den Tiefen der Unterwelt, verzehrt die Erde und ihren Ertrag«, heißt es im Deuteronomium.

Die Sintflut hat die erste Zerstörung der Welt verursacht, die Flammen werden die zweite vollbringen. Das ist eine Konstante in sämtlichen Überlieferungen, von den altaischen Völkern bis zu den Azteken und den Amazonas-Indianern, und von den Mazdaismus-Schriften bis zum heiligen Johannes, bei dem es heißt: »Der siebte Engel nahm das goldene Rauchfaß und füllte es mit Feuer vom Altar und warf es auf die Erde.« Der französische Anthropologe Claude Lévi-Strauss zitiert einen Mythos der Ge-Indianer, demzufolge der Mond der Sonne ein Feuerdiadem stiehlt. »Das Diadem verbrannte ihm die Hände, und er ließ es zu Boden fallen; die ganze Savanne loderte auf, und die Tiere wurden ein Opfer der Flammen.«

Auch der römische Dichter Lukan hat dieser Befürchtung Ausdruck verliehen: »Das Feuer wird die Welt zerstören; nichts wird der Flammenwut entkommen, wenn einmal der Himmel und die Erde zu einer Feuersglut verschmelzen.«

Die Ursachen für solch eine Feuersbrunst könnten vielfältiger Natur sein. Es war hier bereits die Rede von einem Meteoriten, durch dessen Aufprall die Erdtemperatur derart anstiege, daß sich weltweit zahlreiche Brände von selbst entfachen würden. Oder aber der Meteorit würde die Erde aus ihrer Umlaufbahn werfen und sie den gnadenlosen Strahlen der Sonne aussetzen. Die größten Gefahren jedoch lauern in viel größerer Nähe. Man weiß um die Folgen, die sich daraus ergeben können, daß die Wälder im Mittelmeerraum sich mehr und mehr mit Gestrüpp füllen. In Frankreich hat sich innerhalb einer Generation die vom Feuer verwüstete Landesfläche verdreifacht. Aufmerksamkeit erregte auch der riesige Waldbrand, der unlängst in den Rocky Mountains wütete. Anscheinend sind die Feuergeister aktiver denn je.

Doch der Mensch steht ihnen in nichts nach! Die Brände, die durch seinen Zerstörungswahn entfacht werden, sind Legion. Seit dem Vietnamkrieg weiß man bestens über die Wirkung der Napalmbomben Bescheid. Inzwischen sind Phosphorbomben entwickelt worden, die sogar auf nackten Steinen brennen. Und so wird auch in zahlreichen Prophezeiungen die Zerstörung großer Städte durch Kriegsfeuer vorhergesagt. Der heilige Cäsarius von Arles erwähnt das Ende der Stadt Paris: »Eisen und Feuer umschlingen das Babylon Galliens, das in einem großen Brand in sich zusammenstürzt.«

Am furchtbarsten ist natürlich das atomare Feuer, das höchstwahrscheinlich eine entscheidende Rolle spielen wird. Merkwürdigerweise werden wir davor in einer Schrift gewarnt, die im 17. Jahrhundert entstanden ist und »Die Prophezeiung des unbekannten Mönches« genannt wird: »Brennende Strahlen, brennender noch als die glühendste Äquatorsonne, rollende Eisenfestungen und fliegende Schiffe voller schrecklicher Kanonenkugeln und Pfeile, tödliche Sternschnuppen und schwefliges Feuer werden die großen Städte zerstören.« Werden damit nicht deutlich genug die Kernwaffen, Panzer, Bomber und Raketen beschrieben, mit denen unsere modernen Streitkräfte ausgerüstet sind?

Mit dem glühenden Feuer könnte auch die Neutronenbombe gemeint sein, die ihre Energie in Form von Strahlen freisetzt, die durch Mauern und Metall fahren wie ein Pfeil durch ein Netz. Durch die Neutronen werden die Körperzellen zersetzt, und der Organismus schmilzt gleichsam dahin: »Mein Hauch ist wie Feuer, das euch verzehrt«, heißt es bei Isaias (33, 11 und 12). »Ja, die Völker werden zu Kalk gebrannt, wie gehacktes Dornengestrüpp im Feuer entzündet.«

Und wird die Atomapokalypse nicht auch beim heiligen Johannes dargestellt? In den Versen 10 und 11 von Kapitel 8 steht: »Da fiel ein großer Stern vom Himmel, der wie eine Fackel brannte, und fiel auf den dritten Teil der Flüsse und auf die Wasserquellen. Und der Name des Sternes heißt ›der Wermut‹; und der dritte Teil des Wassers wurde zu Wermut, und viele Menschen starben von den Wassern, weil sie bitter geworden waren.« In einem ukrainischen Dialekt aber klingt »Wermut« wie die Posaunen der Apokalypse: *Tschernobyl* . . .

Weil die Atomkatastrophe Boden und Wasser verseucht, weil sie zugleich Feuer ist und unsichtbare Bedrohung in der Luft, erscheint sie uns wie das zerstörerische Gemeinschaftswerk von Gnomen, Undinen, Sylphen und Feuergeistern.

Als die ersten Kernkraftwerke gebaut wurden, hat uns die Fachwelt wortreich versichert, die Wahrscheinlichkeit eines atomaren Unfalls sei eins zu einer Milliarde. Bis heute haben wir es schon auf drei Katastrophen gebracht: Kyschtyn 1957, Three Mile Island 1979 und Tschernobyl 1986, von kleineren Unfällen einmal ganz abgesehen. Wie sollen wir da noch voller Vertrauen in die Zukunft blicken? Angesichts der nicht zu übersehenden Tatsachen haben die Spezialisten übrigens ihre Prognosen revidiert. Manche rechnen inzwischen damit, daß es mit fünfzigprozentiger Wahrscheinlichkeit noch vor Ablauf dieses Jahrhunderts zu einem GAU kommt.

Die Frage lautet also schon gar nicht mehr, wie solche Unfälle verhindert werden können, sondern wie wir mit ihnen »umgehen« sollen. Wie schon eingangs erwähnt, befürchte ich, daß wir an einem Punkt angelangt sind, an dem es kein Zurück mehr gibt.

Bedeutet dies, daß es mit der Erde zu Ende gehen wird? Ich bin recht zuversichtlich, daß dem nicht so ist. Dennoch ist das schlimmste Szenario nicht auszuschließen. Alles, was entstanden ist, muß auch einmal vergehen; diesem Gesetz wird sich auch die Erde nicht entziehen können. Wir wissen, daß selbst unsere Sonne nicht ewig währen wird, sondern daß ihre Lebenserwartung noch auf ungefähr fünf Milliarden Jahre eingeschätzt wird. In ihren Untergang wird die Sonne selbstverständlich auch die Erde mit hineinziehen. Und doch ist das nicht gleichbedeutend mit dem Ende der Welt. Durch die Explosion unserer Sonne wird Raum geschaffen für andere Planeten, andere Sterne. Ein neuer kosmischer Zyklus wird eingeleitet. Ich bin überzeugt davon, daß es in fernen Galaxien Tausende von bewohnten, weit entwickelten Planeten gibt, die uns einmal ablösen werden.

In den Visionen, die mich bei meinen Astralreisen überkommen, sehe ich einen Planeten namens Traia, der das erste Zivilisationslabor unserer Galaxie gewesen sein muß. Auf diesem damals zwischen Mars und Jupiter gelegenen Planeten haben die in der hebräischen Bibel Elohim genannten alten Götter zum ersten Mal versucht, Menschen anzusiedeln. Traia hat sich entwickelt, seine Bewohner haben sich vermehrt, doch haben sie sich schließlich aufgelehnt und sich von ihren Schöpfern abgewandt. Die dadurch am Aufstieg in die nächsthöhere Vibrationsebene gehinderte Traia ist vor etwa fünf Milliarden Jahren explodiert und hat dadurch die Asteroiden-Bombardierungen ausgelöst, von denen die Planeten des Sonnensystems noch heute gezeichnet sind: siehe die auf Merkur, Venus, Mars und Mond zu beobachtenden Krater. Manche dieser Himmelskörper haben den Satellitengürtel gebildet, von dem der gasförmige Planet Jupiter umgeben ist.

Lange Zeit nach diesem Mißerfolg haben die Elohim in göttlicher Inspiration auf der Erde einen neuen Versuch unternommen (auf den im folgenden Kapitel eingegangen wird). Heute befinden wir uns nun an dem Wendepunkt, an dem Traia gescheitert ist. Wenn die Erde außerstande ist, sich zur nächsten Vibrationsebene aufzuschwingen, droht sie zu explodieren. Da der Vibrationsgrad des Kosmos zu hoch und der der Erde zu niedrig ist, muß es unweigerlich zu einem Bruch kommen, so wie zum Beispiel ein Kristallglas zerspringt, wenn es einem zu hohen Ton ausgesetzt ist, da es die chromatische Tonleiter nicht hinaufsteigen kann.

Aber so weit ist es noch nicht mit uns. Die uns drohende Apokalypse erscheint mir eher wie eine von Gaia vorgenommene Säuberung. Die Erde wird all die Giftstoffe abschütteln, die ihr von der Geißel Mensch zugemutet worden sind. Nicht endgültige Zerstörung also, sondern Wandel und Renaissance vor dem Eintritt in ein neues Zeitalter.

Was wird geschehen? Wenn der Mensch schon nicht den ganzen Planeten mit sich reißt, könnte dann nicht er selbst von der Erdoberfläche verschwinden? Ich befürchte, daß das durchaus möglich ist. »Wir Kulturen wissen nun, daß wir sterblich sind«, sagte einst der französische Dichter Paul Valéry. Inzwischen sind wir eine Stufe weiter: Jetzt wissen wir, daß die ganze Menschheit sterblich ist. Das Zeitalter der Dinosaurier ist vorüber; das der Menschen könnte einmal einem Reich der Insekten weichen müssen, von denen man ja weiß, wie widerstandsfähig sie gegen Temperaturschwankungen und Radioaktivität sind.

Das plausibelste Szenario ist aber, daß die Erde zwar einen

Großteil der Menschheit vernichtet, einen anderen Teil jedoch überleben läßt. »Viele werden gereinigt, geläutert und geprüft«, heißt es bei Daniel. Die Erde wird dann menschliches Brachland sein.

»Entkommen bei ihnen Fliehende«, prophezeit Ezechiel (7, 16), »so verweilen sie auf den Bergen wie Tauben der Täler; sie alle klagen, ein jeder ob seiner Schuld.«

Bei Isaias (26, 20–21) steht: »Wohlan, in deine Kammern hinein, mein Volk! Schließe die Tür hinter dir; verbirg dich ein kleines Weilchen, bis daß der Groll vorüber ist! Denn siehe, von seiner Stätte zieht aus der Herr; er straft der Erdenbewohner Schuld.«

Die Johannes-Apokalypse (7, 2–4) gibt Hinweise darauf, wer davonkommen wird: »Und ich sah einen anderen Engel, der rief mit lauter Stimme den vier Engeln zu, denen Macht gegeben ist, Schaden zu bringen dem Land und dem Meer: ›Bringet nicht Schaden dem Land noch dem Meer noch den Bäumen, bis wir die Knechte unseres Gottes mit dem Siegel bezeichnet haben auf ihren Stirnen!‹ Und ich vernahm die Zahl der Bezeichneten: einhundertvierundvierzigtausend Bezeichnete aus allen Stämmen der Kinder Israels.«

Diese werden den Auftrag haben, die Erde wiederaufzubauen. Ihr Dasein wird anfangs recht ungewiß sein, doch das menschliche Wissen wird erhalten bleiben. Schließlich wäre es ja auch nicht das erste Mal in der Weltgeschichte, daß solch eine Umwälzung erfolgt ...

DIE ÜBERLEBENDEN VON ATLANTIS

Was wissen wir wirklich von unserer Geschichte? Ich meine jetzt nicht die neuere Geschichte, die in etwa das Zeitalter der Fische umfaßt. Über die wissen wir relativ gut Bescheid. Sie ist aber nur die Spitze eines riesigen Eisbergs. Doch welche Abgründe tun sich unter der Oberfläche unseres bescheidenen Wissensstandes auf? Als Student an der Kunstakademie war ich fasziniert von den Riesenstücken unerforschter Vergangenheit, die sich in ewigem Dunkel verlieren. Was ist heute noch übrig von diesen alten Völkern, von den Kulturen, die sie begründet haben und die mehrere Jahrtausende vor der unseren in hellem Licht erstrahlten?

Was wissen wir schon von der »Geschichte vor der Geschichte«? Zugegebenermaßen recht wenig. Wie viele Dunkelzonen, wie viele ungelöste Rätsel verwehren uns noch den Blick auf das wahre Gesicht unserer Vorgänger? Es hat sich zwar unser Wissenshorizont durch archäologische Funde ständig erweitert. Unsere Vorstellungen von der Antike und der Vorgeschichte sind seit ungefähr zwei Jahrhunderten gehörig erschüttert worden. Bei Grabungen in Südamerika und im »fruchtbaren Halbmond« Mesopotamien sind die Überreste von Städten zum Vorschein gekommen, von deren Existenz wir nicht einmal wußten. Oder von der wir lediglich ahnten, da sie nur durch wenige alte Schriften oder gar nur durch mündliche Überlieferung bezeugt war. Beispielsweise wurde die Stadt Troja lange Zeit für eine Legende gehalten, die der Phantasie des Verfassers der »Ilias« entsprungen séi. Als jedoch der auf die Texte Homers vertrauende Heinrich Schliemann 1870 am Hellespont die sich überlagernden Schichten einer Großsiedlung ausgrub, mußte jedermann einsehen, daß der Trojanische Krieg tatsächlich stattgefunden hatte!

Auch in Jericho, im türkischen Çatal Höyük und in Lagasch im Irak sind solche Siedlungen zutage gefördert worden. Daraus ersehen wir, daß sich bereits lange vor der Zeit, auf die wir früher die Entstehung der Menschheit datiert haben, wohlgeordnete Kulturen entwickelt hatten. Diese Kulturen haben ihre Blütezeit erlebt und sind dann untergegangen, ohne daß wir die genauen Gründe für ihren manchmal abrupten Niedergang kennen. In Peru und Kolumbien wurden beinahe intakte Städte entdeckt, die den Eindruck machen, als hätten die Bewohner ihre Häuser fluchtartig verlassen und seien vor irgendeiner Katastrophe davongelaufen, von der inzwischen niemand mehr weiß. Und so gemahnen uns diese versunkenen Kulturen an das unerbittliche Gesetz der Zyklen: Entstehung, Entwicklung, Höhepunkt und Untergang; so war ihr Schicksal, und so könnte auch das unsere sein. Im Grunde genommen erinnern sie uns daran, daß auch wir einmal der Vergessenheit anheimfallen könnten.

In zweien seiner Dialoge, nämlich im »Timaios« und im »Kritias«, läßt Platon die Gestalt des Solon (640–558 v. Chr.) vorkommen, eines für seinen Reformergeist bekannten Athener Staatsmannes. Dieser Weise aus dem antiken Griechenland war auch ein großer Reisender, der unter anderem nach Ägypten fuhr. Dort hatte er Gelegenheit, sich ausführlich mit den gelehrtesten Priestern des Landes zu unterhalten. Diese sprachen zu ihm die folgenden Worte, mit denen auch wir gemeint sein könnten: »Ihr Hellenen seid alle jung in den Seelen, denn ihr hegt in ihnen keine alte, auf altertümliche Erzählungen gegründete Meinung noch ein durch die Zeit ergrautes Wissen. Davon liegt aber darin der Grund: Viele und mannigfache Vernichtungen der Menschen haben stattgefunden und werden stattfinden ...«

Dann vertrauten die ägyptischen Priester Solon an, bei ihnen seien solche »altertümliche Erzählungen« seit unvordenklichen Zeiten in Tempeln versteckt und deuteten klar darauf hin, daß einmal eine Insel von der Größe eines Kontinents vernichtet worden sei und daß sie Atlantis geheißen habe.

In den Aufzeichnungen sei von einem Volk die Rede, das von jenseits des Atlantiks gekommen sei. »Damals war nämlich dieses Meer schiffbar; denn vor dem Eingange, der, wie ihr sagt, die Säulen des Herakles heißt, befand sich eine Insel.«

Die Säulen des Herakles oder Herkules sind das, was wir heute die Meerenge von Gibraltar nennen.

»Diese Insel war größer als Asien und Libyen zusammengenommen«, fuhren die ägyptischen Priester fort. »Von ihr stand den damals Reisenden der Zugang zu den übrigen Inseln, von diesen aber zu dem ganzen gegenüberliegenden, an jenem wahren Meere gelegenen Festland offen.«

Platon zufolge wußten die Ägypter also schon von der Karibik und von Amerika, die hinter Atlantis lagen!

Das atlantische Reich erlitt jedoch einen plötzlichen Zusammenbruch. »Es traten aber gewaltige Erdbeben und Überschwemmungen ein«, wurde Solon berichtet. »Indem nur ein schlimmer Tag und eine schlimme Nacht hereinbrach, versank die Insel Atlantis mit einem Male in das Meer.«

Der geheimnisvolle Kontinent ging unter und ließ eine ganze

Kultur zur Legende werden. Daß Atlantis uns heute interessiert, liegt wohl daran, daß sein Schicksal uns zeigt, was wir einmal selbst erleben werden: das Ende eines Zeitalters.

Was ist damals geschehen? Woher stammte dieses hochentwickelte Volk? Wie und warum hat es damals so restlos verschwinden können? Oder ist etwa auf die eine oder andere Weise etwas davon bewahrt worden? Lauter Fragen, deren Antworten uns sowohl über unsere Vergangenheit als auch über unsere Zukunft Aufschluß geben könnten.

Fasziniert von Platons Bericht haben sich zahlreiche Forscher daran gemacht, nach den Spuren von Atlantis zu fahnden. Zweitausend Kilometer westlich von Spanien gibt es ein unter der Meeresoberfläche gelegenes Hochplateau, das durchaus dem versunkenen Kontinent entsprechen könnte. Einige seiner Kämme, wie etwa der Pic Ampère, liegen nicht mehr als siebzig Meter unter dem Meeresspiegel. Der Rest des Plateaus reicht bis in 2500 Meter Tiefe hinab. An dort entnommenen Felsproben haben sich Spuren abgestorbener Korallen nachweisen lassen. Da Korallen in solcher Tiefe nicht hätten entstehen können, scheint diese Region früher erheblich höher gelegen zu haben und später plötzlich abgesunken zu sein. Dieser Theorie zufolge wären die einzigen Partien, die von dem untergegangenen Kontinent noch aus dem Wasser ragen, die Azoren, Madeira, die Kapverdischen Inseln sowie auf der amerikanischen Seite die Bermudas und die Bahamas.

Vor der Bahamas-Insel Bimini haben denn auch Taucher 1969 eine Entdeckung gemacht, die sowohl die Wissenschaft als auch alle Atlantis-Begeisterten aufhorchen ließ: eine mehrere hundert Meter lange und zehn Meter breite Bahn aus riesigen Steinblöcken. Daß sie gewiß nicht natürlichen Ursprungs ist, läßt sich an der präzisen Anordnung und dem rechtwinkligen Zuschnitt der Steine ablesen. Alles läßt darauf schließen, daß es sich dabei um eine Straße handelt, vielleicht sogar eine Königsstraße, die durch Meer und Sand in die vermutliche Richtung von Atlantis führt.

Im sogenannten Bermuda-Dreieck sind an mehreren Stellen megalithische Strukturen anzutreffen, die seit langer Zeit Fischern und Meeresforschern ein Rätsel aufgeben. Piloten, die diese Meeresgegend überflogen haben, berichten ebenfalls von Formationen, die unterseeischen Mauern oder Straßen gleichen. Trotz der geometrischen Form dieser Gebilde – Geraden und Kreise aus Stein – hat man sie lange für natürlichen Ursprungs gehalten, bis die bei Bimini gemachte Entdeckung uns eines Besseren belehrt hat. Könnte es sich dabei um die Überreste von Häfen oder von Kolonien handeln, die beim Untergang der Mutterinsel mit in die Tiefe gerissen wurden?

Der 1945 verstorbene berühmte amerikanische Seher Edgar Cayce, der von sich behauptete, in einer Art Hypnose-Schlaf Visionen zu haben, hatte 28 Jahre vor dem erwähnten archäologischen Fund vorhergesagt, daß 1969 Atlantis wieder auftauchen würde, und zwar nicht weit von der Insel Bimini! 1929 hatte er erklärt: »In ungefähr hundert Jahren werden nach einer Reihe von Erdbeben in der Azorengegend Inseln aus dem Ozean auftauchen, und die Ruinen von Atlantis werden entdeckt und erforscht werden.«

Vielleicht hatte Cayce die folgenden Verse von Seneca gelesen:

Eine Zeit wird kommen in der Erde hohem Alter,
Da der Ozean freigibt, was er umschlingt,
Und eine Insel erscheinen wird in all ihrem Ruhm.

Einstweilen scheint von den Ufern des Ozeans ein Echo des versunkenen Kontinents herüberzuhallen: Atlas, Antillen, Anden, Andalusien... Die Azteken sagten, ihr Name leite sich von dem einer Berginsel her, von der sie abstammten und die für sie einem verlorenen Paradies gleichkäme: *Aztlan*.

Daß die Archäologen noch heute zögern, die Existenz von Atlantis anzuerkennen, liegt vielleicht daran, daß sie ansonsten die ganze Menschheitsgeschichte umschreiben müßten. Solange noch keine unumstößlichen Beweise vorliegen, werden sie sich eine endgültige Stellungnahme vorbehalten. Es ehrt sie natürlich, daß sie so strenge Maßstäbe anlegen. Doch sollten wir uns davor hüten, aus Bedenkenträgerei eine systematische Abwehrhaltung einzunehmen. Seit einiger Zeit nehme ich zu meiner Genugtuung wahr, daß sich bei den Wissenschaftlern etwas bewegt: Atlantis wird nicht mehr als jeder Realität entbehrender Mythos angesehen, sondern immerhin schon als Arbeitshypothese.

Wie dem auch sei: Die Geschichte enthält jedenfalls noch zu viele Unbekannte, als daß irgend jemand sich im Besitz der alleinigen Wahrheit wähnen und abweichende Behauptungen als blanken Unsinn abqualifizieren dürfte. Nach und nach arbeiten wir uns vor, und was gestern noch Gewißheit war, wird heute oft genug mit einem Fragezeichen versehen. Unser Wissen ist nicht unbeweglich, sondern entwickelt sich ständig weiter, um Anschluß an den wahren Verlauf der Geschichte zu finden. Die archäologischen Funde sind gewissermaßen die Absteckpfähle dieses Prozesses, so wie die atlantischen Archipele heute die einzigen Anzeichen eines weiten Kontinents sind. Warum sollten wir uns nicht auf diese Pfähle stützen und eine

Brücke in die Vergangenheit schlagen? An den Errungenschaften der Menschheit hat schließlich die Vorstellungskraft genausoviel Anteil wie die Empirie. Den Wissenschaftlern selbst ist durchaus bewußt, wieviel sie bei ihren Entdeckungen der Intuition zu verdanken haben. Warum sollten wir es also nicht wagen, in unbekannte Tiefen hinabzutauchen? Selbst wenn wir dort nur auf eine Legende stoßen sollten, so wäre doch auch sie noch lehrreich genug.

Wer will, der kann das nun Folgende als die schönste aller Legenden auffassen, nämlich die Legende von der Geschichte des Menschen. Doch sind Mythen nicht in erster Linie poetische Versionen der Wirklichkeit und die besten Antworten auf unsere Rätsel?

Nehmen wir einmal das so entscheidende Beispiel der menschlichen Abstammung. Alle Evolutionstheorien plagen sich mit dem großen Hindernis des »Missing link« herum: Wie konnte sich in einer rein mineralischen Welt eine lebende Zelle bilden? Die Hypothese, laut der das Zusammentreffen einer Anzahl von Gasen bei einer bestimmten Temperatur die Rolle des dazu nötigen Katalysators gespielt habe, wird heute angefochten: zu der entsprechenden Gaskombination hätte es nämlich nie und nimmer kommen können.

Wenn ich meinerseits behaupte, daß der Mensch durch den Eingriff einer kosmischen Macht auf die Erde gekommen ist, dann berufe ich mich damit lediglich auf die ältesten Mythen unserer Zivilisation, auf die unsere Religionen zurückgehen. Diese Legenden jedoch kann man auf mehrfache Weise lesen: Man kann sie entweder wörtlich auffassen oder darin die bildhafte Darstellung einer physikalischen Realität sehen. Denn im Grunde genommen ist meine Vision gar nicht so weit entfernt von den jüngsten wissenschaftlichen Hypothesen. So wird heute die These vorgebracht, der erste Lebensfunke sei durch vom Himmel fallende Meteoriten auf die Erde gekommen. Diese hätten sich von Planeten abgespalten, auf denen eine primitive Form von Leben existiert habe (oder vielleicht auch eine hochentwickelte wie auf Traia?), und seien Träger bestimmter Zellen oder Moleküle gewesen. Durch ihr Zusammentreffen mit unserem mineralischen Planeten hätten diese Fremdelemente nach Ablauf eines hochkomplizierten Evolutionsmechanismus zur Entstehung der ersten lebenden Organismen und schließlich des Menschen geführt. Einer solchen Theorie zufolge wären wir von unserer ursprünglichen Abstammung her nichts anderes als »Außerirdische«!

Es soll also nicht weiter verwundern, wenn ich hier meine persönlichen Visionen mit alten Mythen und wissenschaftlichen Entdeckungen vermenge, denn Ziel des Ganzen ist es ja, dem Sinn des Lebens auf die Spur zu kommen, und dazu müssen wir uns aller Instrumente bedienen, die uns zur Verfügung stehen. Jedenfalls würde es mich freuen, wenn der geneigte Leser – und sei es auch schmunzelnderweise – sich darauf einließe, einen Augenblick lang auf seine fragmentarische Anschauung der Geschichte zu verzichten, um statt dessen das weite Schicksal des menschlichen Geschlechts zu überblicken; wenn das Heraufbeschwören alter Kulturen ihn dazu veranlaßte, einige seiner Pseudo-Gewißheiten noch einmal zu überdenken; und wenn er schließlich beim Anblick des sich ihm darbietenden Legendengemäldes zu der Einsicht gelänge, daß wir die Erben einer langen menschlichen Kette sind, deren Wurzeln bis ins Dunkel der Geschichte zurückreichen. Vielleicht würde er sich dann auch bewußt werden, wie sehr wir gegenüber unseren

Vorfahren und Nachkommen in der Verantwortung stehen. Wir sind nämlich an einem Punkt angelangt, an dem wir durch unseren Leichtsinn diese Kette sprengen könnten ...

Durch meine Lektüre, meine Erinnerungen und meine Visionen bin ich zu der Auffassung gelangt, daß es im Zentrum unserer Galaxie eine Milliarden von Jahren alte Zivilisation gibt, über deren Schicksal die Weisen von Sirius und Orion wachen, jene unsichtbaren Herrscher, die auch über zahlreiche Sterne unseres galaktischen Systems regieren.

Nach dem bereits erwähnten Scheitern des Traia-Experiments richtete sich das Interesse dieser Weisen auf den Planeten Erde, der an der Peripherie der Galaxis gelegen ist und somit einen idealen Brückenkopf für eventuelle Expeditionen in benachbarte Sternsysteme abgibt.

Die Vertreter dieser fernen Zivilisation sind die Elohim; so werden in der hebräischen Bibel oft alte Götter und übernatürliche Wesen bezeichnet. Über Millionen von Jahren hinweg haben die Elohim sich der Erde angenähert und sie bereits untersucht, als sie praktisch noch im Urzustand war. Vor fünf Millionen Jahren sind sie schließlich auf Anordnung der Weisen von Sirius und Orion auf die Erde gekommen und haben aus einem irdischen Embryo einen menschenähnlichen Lurch geschaffen.

Kürzlich habe ich zu meiner Überraschung erfahren, daß sich die australischen Aborigines einen Mythos erzählen, der mit meinem eigenen Versuch, das Erscheinen des Menschen auf der Erde zu erklären, erstaunliche Ähnlichkeiten aufweist. Danach habe es zu Anbeginn vage Gestalten gegeben, die im Brackwasser von Sümpfen dahingetrieben seien. Diese Wesen

ohne spezifische Organe hätten durchsichtigen Kugeln gegli-
chen, an denen man lediglich Ansätze zu Kopf und Gliedern
habe wahrnehmen können. Dann seien himmlische Geschöpfe gekommen, die von den Aborigines Ungambikula genannt
werden – unsere Elohim? –, und hätten ihnen ein men-
schenähnliches Gesicht mit Augen, Mund und Ohren geformt.
Auch die Gliedmaßen seien vervollständigt worden, und die so
entstandenen Prähominiden hätten damit ihrem bisherigen
Element, dem Wasser, entsteigen können. Da ihre Beine sie
noch nicht hinreichend getragen hätten, seien sie zuerst wie
Reptilien gekrochen. Später hätten sie dann zu laufen begonnen.

Wurde hier nicht – als Mythos zwar, aber doch auf faszinieren-
de Weise – vorweggenommen, was heute die wissenschaftlichen Evolutionstheorien besagen?

Doch zurück zu den Elohim. Nachdem sie die Amphibienwe-
sen erschaffen hatten, kehrten sie der Erde wieder den Rücken,
womit sie unvorsichtigerweise die Evolution sich selbst über-
ließen.

Vor 78 000 Jahren hielten die Weisen von Sirius und Orion den
Zeitpunkt für gekommen und erteilten den Elohim den Auftrag, wieder auf die Erde zu gehen und dort die erste menschliche Zivilisation zu begründen. Die Elohim machten sich also
auf den Weg. Begleitet wurden sie von Gelehrten und »Ausbil-
dern«, die auf mehreren Planeten unserer Galaxis rekrutiert
worden waren.

Bei ihrer Ankunft auf dem Blauen Planeten mußten diese
Großen Lehrmeister zu ihrer Bestürzung feststellen, daß die
ihrem Schicksal überlassenen Exemplare sich durchaus nicht

immer in der gewünschten Manier entwickelt hatten. Infolge verschiedener genetischer Störungen hatten sich nämlich zahlreiche Mutanten herausgebildet, denen wir heute noch in alten Legenden begegnen. Es liefen Wesen herum, die halb Mensch und halb Stier waren und von den Griechen später Zentauren und Buzentauren genannt wurden. Ferner gab es Menschen mit Schakalkopf wie der Anubis der Ägypter. Oder Harpyien mit Frauenkörpern, Flügeln und Klauen, Sirenen mit langem Fischschwanz, bocksgestaltige Satyrn, Pferdemenschen, Werwölfe ... Die Elohim trafen auch auf Fabelwesen wie den Greif mit seinem Löwenkörper und dem Vogelkopf, auf die Gorgonen mit Schlangenhaaren und Wildschweinhauern, auf geflügelte Pferde wie Pegasus, auf feuerspeiende Schimären mit Löwenhaupt, Ziegenkörper und Drachenschwanz ...

Ist es so abwegig zu glauben, daß diese Ungeheuer, die sich in unserem tiefsten Unterbewußtsein erhalten haben, nicht nur willkürliche Erfindungen sind? Denn daß diese Zwitter mit wechselnder Symbolhaftigkeit in den Mythen und Legenden der verschiedensten Völker vorkommen, könnte doch als Hinweis darauf gelten, daß sie tatsächlich existiert haben. Ich zweifelte schon als Kind nicht daran, daß unsere Erde vor Urzeiten einmal von Zentauren und Einhörnern bevölkert war. Bevor diese erstaunlichen Wesen in unserer Phantasie wiedererstehen konnten, mußten sie doch erst einmal das Licht der Welt erblickt haben! Und schließlich lehrt uns doch auch die Paläontologie, daß es in früheren Zeiten Reptilien von mindestens ebenso furchterregendem Aussehen gegeben hat.

Jedenfalls waren die von Sirius und Orion Gesandten bestürzt über die Entwicklung des menschlichen und tierischen Lebens und sahen sich gezwungen, eine umfassende Säuberung vornehmen. So opferten sie zahlreiche Arten, um die Menschheit auf die gewünschte Bahn zurückzubringen.

Eines jedoch bedachten die Elohim und ihre Hilfskräfte nicht: Sie tilgten zwar »Ungeheuer«, vergossen aber nichtsdestoweniger Blut. Damit luden unsere Großen Lehrmeister ein schweres Verbrecher-Karma auf sich. Sie wollten dem Wohle der Menschheit dienen, begingen dabei aber lebensfeindliche Taten. Durch ihr Karma wurden sie jahrtausendelang unzertrennbar mit dem Schicksal der Erde verbunden. Nach dem Ende jeder ihrer Existenzen mußten sie in einer neuen Reinkarnation auf die Erde zurückkehren, um sich von dem anfänglichen Pogrom reinzuwaschen, wenn dieses auch den Zwittermonstern gegolten und nichts anderes zum Ziel gehabt hatte, als eine wahrhaft menschliche Zivilisation zu begründen.

Mehr und mehr waren also die Großen Lehrmeister an den Planeten Erde gefesselt. Sie vermischten sich mit den Menschen und waren sich schließlich ihrer fernen Abkunft gar nicht mehr bewußt. In der Genesis steht, die Gottessöhne – also die Elohim – »sahen, daß die Töchter der Menschen schön waren, und sie nahmen sich zu Frauen, welche sie nur mochten«. Daraufhin zeugten sie die Nephilim, jene Riesen, die in sämtlichen Legenden anzutreffen sind. Vielleicht haben diese etwas mit den zyklopischen Bauten frühgeschichtlicher Zeit zu tun: mit den Ruinen im peruanischen Sacsayhuaman oder den gigantischen Statuen auf der Osterinsel und in Ägypten. Schließlich mußten die riesenhaften Nephilim ihrerseits verschwinden, auf daß Unordnung und Ungleichheit ein Ende nähmen und die Erde endlich dem Menschen angemessen sei.

In »Trajectoire« habe ich bereits davon berichtet, daß sich mir einmal offenbart hat, was auf Erden meine erste Inkarnation war. Als ich in meinem gegenwärtigen Leben eines Tages zufällig drei Menschen kennenlernte, durchfuhr mich plötzlich die Gewißheit, ihnen bereits einmal begegnet zu sein. Und zwar vor langer, langer Zeit ... Zu den Bildern, die mir im Kopf umherschossen, kam noch die Tatsache, daß auch die drei Personen sich in ähnlicher Aufregung befanden. Da wurde mir die »Wahrheit« darüber zuteil, wo ich ursprünglich herstamme.

Ich komme von einem sogenannten »kristallenen« Planeten, der sich im Sternbild Aquila in einer Umlaufbahn um den Stern Altair befindet. Gehörte ich zusammen mit jenen drei Menschen zu der von den Elohim ausgesandten Expedition, von der die Erde zivilisiert werden sollte? Davon bin ich tief überzeugt. Die undeutlichen Bilder dieser kosmischen Reise sind meine ersten Erinnerungen, die somit etwa 78 000 Jahre zurückreichen. Später wurde ich einer der Gesetzgeber, die zum Entstehen der Kultur von Atlantis beitrugen. Da ich mich an dem Massaker, das unter den hybriden Ungeheuern veranstaltet wurde, mitschuldig gemacht hatte, war hinfort mein Schicksal mit dem des Planeten Gaia verbunden ...

Als die Elohim in dem irdischen Panoptikum gründlich aufgeräumt hatten, waren die Grundlagen für eine neue Zivilisation geschaffen. Es war dies der Auftritt des »Homo sapiens«, der einmal die Welt erobern sollte.

Durch das Wirken der Großen Lehrmeister entstanden vier Kulturen, die lange einträchtig nebeneinanderher lebten beziehungsweise gar nicht voneinander wußten.

Im Norden unserer Hemisphäre bildete sich das Königreich Thule heraus. Seine Bewohner, die Hyperboreer, also »die jenseits des Nordwindes Lebenden«, gehörten der weißen Rasse an. Sie werden sowohl in skandinavischen als auch in asiatischen Überlieferungen erwähnt. Thule ist nichts anderes als das Avalon der keltischen Mythologie oder das Warahi der Hindus: die Urheimat des »Homo sapiens«.

Im Indischen Ozean entstand das Reich Mu, die Wiege der gelben Rasse. Dieses Riesenreich erstreckte sich von Südostasien bis zur Westküste des heutigen amerikanischen Kontinents. Ein Großteil dieser Landmasse ist gleich Atlantis von den Fluten verschlungen worden. Übriggeblieben sind nur die indonesischen Inseln und die unzähligen Archipele im Pazifik.

In Afrika war das Reich Gondwana beheimatet, der Mutterschoß der schwarzen Rasse.

Jenseits der »Säulen des Herkules« schließlich entwickelte sich inmitten des Atlantischen Ozeans die Kultur der Atlanter, die es von den vieren zur größten Entfaltung brachte. Die Atlanter selbst nannten sich »Rotmenschen«, da sie von rötlichbrauner Hautfarbe waren. Als Jahrtausende später die Spanier auf dem amerikanischen Kontinent landeten, kam ihnen kurioserweise die Eingebung, die dortigen, in der Nachfolge der Atlanter stehenden Völkerschaften »Rothäute« zu nennen.

Atlantis erblühte rasch. Handwerk, Kunst, Wissenschaft und Technik gediehen unter der Obhut der Großen Lehrmeister, die sich durch ihr Karma in die Rolle ständiger Betreuer versetzt sahen.

Platon liefert uns vom unaufhaltsamen Aufstieg dieser Kultur eine genaue Beschreibung:

Auf dieser Insel Atlantis vereinte sich auch eine große, wundervolle Macht von Königen, welcher die ganze Insel gehorchte sowie viele andere Inseln und Teile des Festlandes; außerdem herrschten sie auch innerhalb, hier in Libyen bis Ägypten, in Europa aber bis Tyrrhenien.

Die Atlanter boten ihr ganzes Können zur Errichtung weitläufiger Bauten auf und schufen sich so eine einmalige Hauptstadt:

Da ihnen nun ihr Land dieses alles bot, waren sie auf die Aufführung von Tempeln und königlichen Palästen, von Häfen und Schiffswerften sowie anderen Gebäuden im ganzen Lande bedacht und schmückten es in solcher Aufeinanderfolge aus. Zuerst überbrückten sie die um den alten Hauptsitz laufenden Gürtel des Meeres, um nach außen und nach der Königsburg einen Weg zu schaffen. Diese Königsburg erbauten sie aber sogleich vom Anbeginn an in diesem Wohnsitze des Gottes und ihrer Ahnen; indem aber der eine von dem andern dieselbe überkam, suchte er durch jedesmalige Weiterausschmückung des Wohlausgeschmückten seinen Vorgänger nach Kräften zu übertreffen, bis sie ihre Wohnung zu einem durch Umfang und Schönheit Staunen erregenden Bau erhoben. Denn vom Meere aus führten sie einen dreihundert Fuß breiten, 100 Fuß tiefen und 50 Stadien langen Durchstich nach dem äußersten Gürtel, durch welchen sie der Einfahrt vom Meere nach ihm wie nach einem Hafen den Weg bahnten, indem sie einen für das Einlaufen der größten Schiffe ausreichenden Raum eröffneten.

Zur Verzierung ihrer Bauten machten die Atlanter verschwenderischen Gebrauch von den kostbarsten Metallen, deren Zusammensetzung wir zum Teil heute gar nicht mehr kennen. Der Brauch, Tempelmauern mit Blattgold zu überziehen, findet sich in späteren Kulturen wieder, bei den Babyloniern und den Inkas zum Beispiel. Selbst die äyptischen Pyramiden waren ursprünglich vergoldet, was Generationen von Plünderern zu intensiver Beschäftigung damit angeregt hat. Platon fährt fort:

Von außen hatten sie den ganzen Tempel mit Silber überzogen, mit Ausnahme der mit Gold überzogenen Zinnen. Im Innern war die Wölbung von Elfenbein, mit Verzierung von Gold und Silber und Bergerz; alles übrige, Wände, Säulen und Fußboden, bedeckten sie mit Bergerz. Hier stellten sie goldene Standbilder auf; den Gott stehend, als eines mit sechs Flügelrossen bespannten Wagens Lenker, der vermöge seiner Größe mit dem Haupt die Decke erreichte; um ihn herum auf Delphinen hundert Nereiden (. . .). Außerhalb aber umstanden den Tempel die goldenen Bildsäulen aller von den zehn Königen Abstammenden und ihrer Frauen sowie viele andere große Weihgeschenke der Könige und ihrer Bürger aus der Stadt selbst und dem außerdem ihrer Herrschaft unterworfenen Lande.

Wo soviel Pracht und arroganter Eroberungswille zur Schau gestellt wurden, mußten unweigerlich heftige innere Konflikte ausbrechen. Bald schon kam es zu den ersten Zwischenfällen, dann zu den ersten bewaffneten Kämpfen zwischen Menschen.

Zwei Parteien machten sich die Vorherrschaft im Reiche streitig: die Söhne Belials und die Söhne des Einen. Erstere waren Polytheisten, letztere glaubten an einen einzigen Gott. Die Monotheisten waren der Auffassung, die atlantische Gesellschaft solle sich weiterhin auf die traditionellen Werte stützen. Die Söhne Belials dagegen waren Neuerer im negativen Wortsinne, waren Rationalisten, die ihre kosmische, göttliche Herkunft vergessen hatten und die Welt schrankenlos beherrschen wollten.

Rührten diese Rivalitäten nicht daher, daß den Atlantern nunmehr gänzlich menschliche Wesensart zu eigen war? Diesen Gedanken legt Platon nahe, als er den geistigen Niedergang beschreibt, der fatal an den unseren erinnert:

Viele Menschenalter hindurch, solange noch die göttliche Abkunft bei ihnen vorhielt, waren sie den Gesetzen gehorsam und freundlich gegen das verwandte Göttliche gesinnt (…). Als aber der von dem Gotte herrührende Bestandteil, häufig mit häufigen sterblichen Gebrechen versetzt, verkümmerte und das menschliche Gepräge die Oberhand gewann: da vermochten sie bereits nicht mehr ihr Glück zu ertragen, sondern entarteten und erschienen, indem sie des schönsten unter allem Wertvollen sich entäußerten, dem, der dies zu durchschauen vermochte, in schmachvoller Gestalt.

Unter dem Einfluß der Söhne Belials wurde die Wissenschaft bei den Atlantern allmählich pervertiert. In ihrem Größenwahn wollten diese Zauberlehrlinge den Planeten umwandeln und insbesondere sein Klima verändern, das mit der Zeit immer kälter wurde. Zu diesem Zweck machten sie sich daran, die tellurischen Kräfte zu manipulieren. Die Erde wird nämlich wie der menschliche Körper von elektromagnetischen Strahlenbündeln durchströmt. Um diese Kraftfelder zu orten und auf sie einzuwirken, richteten die Söhne Belials riesige Steinblöcke auf.

Überreste dieses Unterfangens lassen sich noch heute in Stonehenge und Carnac besichtigen. All diese Anordnungen von parallelen Steinreihen sollten ebenso wie die im peruanischen Nazca erhaltenen, an Landepisten erinnernden geradlinigen Bahnen zum Umpolen der Magnetfelder eingesetzt werden. Noch heute gelten im Kollektivbewußtsein aller Völker solche Menhir-Stätten als unheilbringende Orte.

Es kam, was kommen mußte. Die Manipulationen der Söhne Belials führten zum Untergang von Atlantis. Die zur Klimaerwärmung vorgenommene Umpolung der Magnetfelder bewirkte eine Verschiebung der Erdachse, die fürchterliche Erdbeben zur Folge hatte.

Eine erstaunliche Entsprechung zu diesem Vorgang findet sich in einer Legende der Hopi-Indianer, worin es heißt, der Nord- und der Südpol seien von zwei Zwillingen bewacht worden. Als der Schöpfer die Welt habe vernichten wollen, habe er lediglich den beiden Wächtern angeordnet, ihre Plätze zu verlassen.

Ihr ursprüngliches Vorhaben konnten die Söhne Belials durchaus verwirklichen, doch schossen sie weit übers Ziel hinaus! Es kam zu einer allgemeinen Erwärmung der Erde, und durch die daraufhin einsetzende Gletscherschmelze fielen die von den Erdbeben ausgelösten Flutwellen nur um so mächtiger aus. Durch das Tun der Söhne Belials war Atlantis der Vernichtung anheimgefallen.

All dies geschah vor ungefähr 12 000 Jahren, also während des Übergangs vom Zeitalter der Jungfrau, das im Zeichen der Organisation stand, zum Zeitalter des Löwen, der die Kräfte der Natur symbolisiert. Vor 12 000 Jahren: Das ist in etwa der Zeitpunkt, auf den sich mit wissenschaftlichen Methoden die biblische Sintflut datieren läßt.

In Kapitel 6 der Genesis heißt es:

Der Herr sah, wie groß die menschliche Bosheit auf Erden war, und daß jegliches Gebilde ihrer Herzensgedanken allzeit nur böse war (...). Der Herr sprach: Ich will den Menschen, den ich geschaffen, vom Erdboden vertilgen (...). Ich lasse nämlich eine Wasserflut über die Erde kommen, damit sie unter dem Himmel alle Wesen, in denen Lebensodem ist, vertilge; alles auf Erden soll umkommen.

Viele haben in dieser weltweiten Überschwemmung nichts weiter als einen Mythos sehen wollen, der Gottes Zorn über die Mißachtung seiner Gesetze veranschaulichen soll. Heute vermag man jedoch mit Gewißheit zu sagen, daß die Sintflut tatsächlich stattgefunden hat, und man weiß sogar, wann. Bei Ausgrabungen im chaldäischen Ur (im heutigen Irak) stieß man zum Beispiel auf eine meterdicke Schlammschicht, die von Anschwemmungen und Meeresablagerungen herrührt. An unmittelbar unter dieser Schicht aufgefundenen Keramiken wurde mittels der C_{14}-Methode eine Altersbestimmung vorgenommen. Sie ergab mit ziemlicher Genauigkeit, daß die Riesenüberschwemmung vor etwa 12 000 Jahren stattgefunden haben muß.

Geologen wiederum haben ermitteln können, daß die letzte Eiszeit vor ungefähr 80 000 Jahren begonnen hat, also zu der Zeit, als die Kultur der Atlanter ihren Anfang nahm. Es war die sogenannte Würmeiszeit, in deren Verlauf es zu mehreren Kälteschüben kam. Der letzte, vor circa 13 000 Jahren, war zugleich der heftigste. War es das, was bei den Söhnen Belials solche Furcht auslöste? Es bildeten sich gewaltige Gletscher, die den Meeresspiegel um etwa 150 Meter absinken ließen. Das Gesicht der Erde war damals ganz anders gestaltet als heute: Frankreich, England, Irland und Skandinavien waren eine einzige zusammenhängende Landmasse; die Rheinmündung befand sich irgendwo in Norwegen; die Ägäis-Inseln waren mit Griechenland verwachsen; Saint-Malo, La Rochelle und Lissabon lagen im Landesinneren, zweihundert Kilometer von der Küste entfernt!

Mitten aus dem Ozean aber ragte Atlantis empor, das den Höhepunkt seines kolonisatorischen Wirkens erreicht hatte. Nicht nur im Osten, also an der spanischen und afrikanischen Küste, hatten die Atlanter Häfen errichtet, sondern auch im Westen, auf den karibischen Inseln, die damals nur durch schmale Meeresarme voneinander getrennt waren. Doch nach den sehr alten Städten und den Spuren jener Völkerschaften, die sich damals bevorzugt an Küstenstrichen niederließen, muß man heute in der Meerestiefe fahnden, wie zum Beispiel bei Bimini.

Auf die letzte Periode der Würmeiszeit folgte vor 12 000 Jahren eine starke Klimaerwärmung. Wurde sie – wie ich es vermute – durch eine Verschiebung der Erdachse ausgelöst? Die Geologen sagen jedenfalls übereinstimmend, daß es ein Wärmeschub im Zeitraffertempo war. Mit der Gletscherschmelze ging eine starke Verdunstung einher, die zu heftigen Regenfällen führte. Durch den Anstieg des Meeresspiegels, das Anschwellen der Flüsse und die Bewegung der tektonischen Platten konnte sich die verheerende Kraft des Wassers voll entfalten. Erdrutsche, weggeschwemmte Küsten, Schlammströme und Überflutungen zerstörten Dörfer, Regionen, ja ganze Kulturen. Und genau diese Katastrophe unerhörten Ausmaßes spiegelt sich in dem biblischen Bericht von der Sintflut wieder.

Und beileibe nicht nur in der Bibel! Wohl nur wenige Themen sind so universell wie das der Sintflut. Es ist auch ganz natürlich, daß eine Überschwemmungskatastrophe dieser Größenordnung in allen Kulturen ihren Niederschlag finden mußte. So finden sich Hinweise darauf in den heiligen Büchern Indiens, in alten chinesischen und ozeanischen Schriften sowie in afrikanischen Legenden.

Hat vielleicht die Bibel selbst sich auf ältere Texte gestützt? Zum ersten Mal Erwähnung findet die Sintflut auf Keilschrifttafeln, die bei der Freilegung der Ruinenstadt Nippur im Irak aufgefunden wurden. Auf diesen Tafeln wird erzählt, wie die Götter den Beschluß faßten, die Menschheit zu vernichten: Sie entfesselten ein sieben Tage und sieben Nächte währendes Toben von Wind und Regen. Dieser Text diente später als Quelle für die babylonische Version der Sintflut, wie wir sie im Gilgamesch-Epos lesen können. Ob Indien, Mesopotamien oder Griechenland: in allen alten Kulturen hat sich die Erinnerung an jene Sintflut erhalten, die der Menschheit den Garaus machte.

Oder die vielmehr eine Zivilisation hinwegfegte. Denn die Menschheit als solche überlebte ja. Bekanntlich konnte ein Mann – oder eine Gruppe von Menschen – dem Unheil entgehen. Je nach Überlieferung hat dieser Mann verschiedene Namen. Bei den Sumerern heißt er Ziusudra, bei den Babyloniern Um-Napischtim, bei den Indern Manu, bei den Griechen Deukalion. In der Bibel schließlich ist es Noah.

Wie auch immer sein Name lauten mag, er wurde jedenfalls von Gott vor der kommenden Sintflut gewarnt und bekam genaue Anweisungen für den Bau der Arche, mit der er der Öffnung der göttlichen Schleusen entkommen sollte (Genesis, 6,

18–19): »Gehe also in die Arche hinein, du und deine Söhne, deine Frau und die Frauen deiner Söhne mit dir. Von allen lebendigen Wesen nimm je zwei mit in die Arche hinein, um sie mit dir am Leben zu erhalten, ein Männchen und ein Weibchen!«

Es braucht wohl nicht näher erläutert zu werden, was für ein aussichtsloses Unterfangen es gewesen wäre, auf einem einzigen Schiff – und sei es auch eines mit drei Stockwerken, wie das in der Genesis erwähnte – die ungeheure Vielfalt der irdischen Fauna und Flora unterzubringen. Die Bibel darf man hier wohl nicht allzu wörtlich nehmen. Ich kann mir nur schwer vorstellen, daß ein einziger mit notdürftigem Werkzeug ausgerüsteter Mann in Rekordzeit eine – mit Verlaub gesagt – »Barkasse« zusammenzimmern könnte, die in der Lage wäre, einer Sintflut standzuhalten.

Was für Hypothesen kämen also eher in Frage? Sollten etwa zu dem Zeitpunkt, als das von den Söhnen Belials verschuldete Unglück sich anbahnte, die Elohim in weiser Voraussicht beschlossen haben, eine bestimmte Anzahl von Atlantis-Bewohnern, aber auch Menschen aus den Reichen Thule, Mu und Gondwana in Sicherheit zu bringen? Es ist durchaus zu vermuten, daß sich der gigantischen Aufgabe, alle auf Erden vertretenen Arten zu retten, einzig und allein die Großen Lehrmeister unterziehen konnten.

Doch stellt sich noch eine andere Frage: Was geschah anschließend mit all den Menschen-, Tier- und Pflanzenexemplaren? Es ist möglich und wahrscheinlich, daß manche Berggegenden von der Sintflut verschont blieben. Damit hätten die Überlebenden in Höhlen Unterschlupf finden können, hätten allerdings einen gewaltigen kulturellen Rückschlag erlitten.

Ich liebäugle da eher mit einer anderen Interpretation, die sich mit meinen meditativen Visionen deckt: An Bord von riesigen geschlossenen Archen haben vielleicht die Elohim Noah und seine Gefährten zu den Sternbildern von Sirius und Orion mitgenommen, bis die Sintflut sich wieder beruhigt hatte.

Mich hat eine gnostische Auslegung der Bibel dazu angeregt, an ein solches Eingreifen der Elohim zu glauben. Der Name Noah scheint mir nicht zufällig gewählt worden zu sein. Er ist ein Zeichen. Dreht man seine französische Version »Noé« um, so erhält man »Eon«, zu deutsch Äon. Dieses Wort bedeutet im Griechischen »was in aller Ewigkeit existiert«. Bei den Hellenen wie auch bei den Gnostikern sind die Äonen ewigwährende Mächte, die sich vom höchsten Wesen herleiten. Sie sind die Schutzgötter, die Energien, mit Hilfe derer Gott auf die Welt einwirken kann. Daher sind Buddha und Jesus Äonen. Noahs Name gibt uns einen Hinweis darauf, daß dieser Mann ebenfalls die irdische Erscheinungsform eines Äonen gewesen sein dürfte und nicht nur ein einfacher Mensch. Das wäre übrigens auch eine Erklärung dafür, wie gleichgültig der Noah der Genesis dem schrecklichen Schicksal der Menschheit letztlich gegenübersteht.

Noah-Äon wäre damit ein aus dem Zentrum der Galaxis gekommenes göttliches Wesen, das die Weisen von Sirius und Orion in aller Eile herbeischickten, um zu retten, was noch zu retten war. Wer vor Gottes Augen Gnade fand, wurde aus der Gefahr befreit, vorübergehend auf einen anderen Planeten verbracht und dort vielleicht in bestimmte Kenntnisse eingeweiht.

Später sandte Noah-Äon einen Raben auf die Erde, um sich zu vergewissern, ob der Planet wieder ins Gleichgewicht gekommen sei. In unserer legendenhaften Version läßt sich denken, daß dieser Rabe kein Vogel war, sondern eine Art Kundschaftermission der Elohim vor der Rückkehr der Überlebenden von Atlantis.

Heute hat sich auch die Wissenschaft den Begriff der Äonen angeeignet: Es sind damit in der Materie enthaltene unsichtbare Elemente gemeint. Bildhafter ausgedrückt: die verborgene Seele der Dinge. Einer der letzten Physik-Nobelpreisträger ist zum Beispiel der Ansicht, daß es über die Äonen möglich wäre, in alten Keramiken gespeichertes Wissen zu erschließen. Gleich den Mikrorillen einer Schallplatte enthielte ein an der Töpferscheibe gedrehtes Tongefäß Informationen über Zeit und Umstände seiner Herstellung.

Wie man sieht, kristallisiert sich aus all diesen Interpretationen ein gemeinsamer Nenner heraus: der Fortbestand der Menschheit. Im Grunde genommen ist es unwesentlich, ob es Noah nun wirklich gegeben hat oder nicht und wie im einzelnen sich die Rettung der Menschheit nach der Sintflut abgespielt haben mag. Was zählt, ist die durch das Symbol Noah-Äon vermittelte Botschaft. Meiner Auffassung nach lenkt die Bibel unsere Aufmerksamkeit auf die Kontinuität einer Menschheit, die nicht einfach als Gesamtheit aller Menschen aufgefaßt werden darf, sondern als transzendenter Wert, als »Geist« – als der von der Taube gebrachte Heilige Geist vielleicht? Jeder einzelne Mensch enthält in sich die gesamte Menschheit. Noah-Äon ist das Symbol für den Fortbestand der Gattung Mensch auf Erden, und dieser Fortbestand wird von Gott besorgt, trotz aller Katastrophen, von denen eine entartete Zivilisation heimgesucht werden mag.

Wir wissen sehr wenig darüber, was nach der Sintflut, nach dem Untergang von Atlantis mit den Menschen geschehen ist. Wurden sie irgendwo in der Galaxis unter Quarantäne gestellt, bis auf Erden wieder Ruhe eingekehrt war? Haben sich Gruppen überlebender Atlanter zu Höhlenbewohnern entwickelt? Diese Fragen bleiben offen.

Bekannt ist hingegen, daß die darauffolgende Kultur, die der Sumerer nämlich, vor ungefähr 6000 Jahren entstand. Das bedeutet, daß zwischen der Sintflut und dem Erscheinen einer postsintflutlichen Hochkultur eine sechs Jahrtausende währende Lücke klafft! 6000 Jahre, in deren Verlauf die Erde quasi unbewohnt scheint. Entweder waren keine Menschen da, oder aber sie waren von einem zivilisatorischen Niedergang betroffen, wie die weltweite Überschwemmung ihn ausgelöst haben mag. Nie war der Faden der Menschheitsgeschichte dünner als in dieser Zeit der Finsternis.

Für diese langanhaltende Pause in der Menschheitsentwicklung scheint uns auch die Archäologie eine Bestätigung zu liefern. Die von den Alpen bis zum Kantabrischen Gebirge in Spanien ansässigen Menschen der Magdalénien-Stufe erlebten ihren kulturellen Höhepunkt zwischen 15 000 vor Christus und dem ungefähren Zeitpunkt der Sintflut. Die in Lascaux und Altamira (in der Nähe von Santander, der Heimat meines Großvaters mütterlicherseits) aufgefundenen Höhlenmalereien geben deutliches Zeugnis davon ab, mit wieviel Phantasie und Inspiration diese Kulturstufe gesegnet war. Man braucht nur einmal die wunderbaren Polychromien von Altamira zu betrachten, um sich von dem künstlerischen Genie jener Menschen zu überzeugen. Eine solche Kreativitätsexplosion müßte man wohl als eines der erstaunlichsten Phänomene unserer

Geschichte werten, wenn nicht zu bedenken wäre, daß die Schöpfer dieser Werke Nachbarn von Atlantis waren. Bezogen sie vielleicht ihre Maltechniken aus dem Umgang mit den Bewohnern atlantischer Kolonien?

Plötzlich aber verschwanden die Menschen des Magdalénien, vermutlich hinweggerafft von derselben Katastrophe, der auch Atlantis zum Opfer fiel. Der hohe Stand ihrer Kunst wurde erst 6000 Jahre später wieder erreicht, und zwar im Alten Reich Ägyptens.

Sechs Jahrtausende … Drei »Monate« eines platonischen Jahres … So lange dauerte das Schweigen der Menschheit an und umfaßte damit die drei Tierkreiszeichen Löwe, Krebs und Zwillinge. Bezeichnenderweise entspricht diese Triade der mythologischen Epoche des Kronos, die auf einen Entwicklungsstillstand zu Ordnungszwecken ausgelegt ist und dem Zeitalter der wahren Bewußtwerdung vorausgeht.

»Die Geschichte beginnt in Sumer«, behaupten die Historiker. Das ist zugleich richtig und falsch. Es ist richtig, wenn man bedenkt, daß ab den Sumerern über eine ganze Triade – Stier, Widder, Fische – hinweg der menschliche Zivilisationsprozeß Schritt für Schritt zu verfolgen ist. Und es ist falsch, wenn man sich an die vorsintflutlichen Reiche erinnert.

Jedenfalls ist der Mensch nach 6000 Jahren Abwesenheit beziehungsweise langsamer Erholung unvermittelt wieder aufgetaucht: in Sumer, Mesopotamien, China und Amerika. Ist das plötzliche Erscheinen so hochorganisierter Kulturen nicht verwunderlich? Da sehen wir, daß die Sumerer mit einem Male die Bewässerung entdecken – oder wiederentdecken? –, die von Platon als Errungenschaft der Atlanter beschrieben wurde. Daneben verstehen sie sich auf das Fertigen von Keramiken und Polychromien sowie auf das Gießen und die Verarbeitung von Metallen wie Kupfer, Bronze, Silber und Gold. Gleichfalls in Sumer wurden auf Tontafeln die ersten uns erhalten gebliebenen schriftlichen Aufzeichnungen geritzt.

Das plötzliche Aufblühen dieser Hochkultur wirft unweigerlich Fragen auf. Das gleiche kann man auch über das alte Ägypten sagen. Da läßt sich ein bis dahin nomadisierendes Hirtenvolk im Niltal nieder, und wie aus dem Nichts heraus entsteht dort eine großartige Kultur, die sich auf keinerlei Vorbilder stützt, aber dennoch von einer künstlerischen Finesse zeugt, um die wir die Ägypter noch heute beneiden. Manche Möbel aus dem Schatz Tutenchamuns sind wahre Wunderwerke der Goldschmiedekunst, wie wir sie heute nur schwerlich nachahmen könnten. Wie hat eine so reiche Kultur sich nur so schnell herausbilden können?

Wo keinerlei frühgeschichtliche Anhaltspunkte vorliegen, kann man kaum umhin, irgendeinen Fremdeinfluß anzunehmen. Es drängt sich einem unwillkürlich die Vermutung auf, es könne in Ägypten wie in Sumer zu einer Renaissance atlantischer Kenntnisse gekommen sein. Diese sind vielleicht von Überlebenden der Sintflut ins Land gebracht worden, die nach ihrer Einwanderung allmählich mit der primitiveren einheimischen Bevölkerung verschmolzen sind. Bei dem griechischen Geschichtsschreiber Diodor von Sizilien heißt es: »Die Ägypter waren Fremde, die sich vor langer Zeit am Nilufer niederließen und dorthin die Kultur ihres Mutterlandes mitbrachten, die Kunst des Schreibens und eine hochentwickelte Sprache. Sie kamen aus der Richtung der untergehenden Sonne und waren die ältesten Menschen.«

Es könnte auch möglich sein, daß die Atlanter, die ja unermüdliche Kolonisatoren und Reisende waren, in Nil- und Euphrat-Nähe Depots angelegt haben, die ihr gesamtes Wissen enthielten. Schließlich hat auch der moderne Mensch Sonden ins All geschickt, in denen auf Magnetbändern der ganze Umfang der vom Menschen vollbrachten Leistungen konzentriert ist. Warum sollte also nicht vorstellbar sein, daß es die Atlanter mit uns genauso gehalten haben, um einer von ihren Entdeckungen geprägten Zivilisation in den Sattel zu helfen?

Als Aufbewahrungsort für diese Überlieferungen kommt die Sphinx in Frage. Bekanntlich sind Ursprung und Entstehungszeit dieses Bauwerks nach wie vor umstritten. Manche behaupten gar, diese den atlantischen Bauten so verwandte Riesenstatue sei bereits vor der Sintflut errichtet worden. In diesem Fall würden die unter dem Kopf der Sphinx deutlich wahrzunehmenden Erosionsspuren den Höchststand des damals erreichten Wasserspiegels anzeigen. Waren etwa tief im Inneren des unzerstörbaren, rätselhaften Tieres die Errungenschaften atlantischer Wissenschaft verborgen?

Die Bewohner des Niltals hätten damit Zugang zu einem ungeheuer tiefgründigen Wissen gehabt, aus dem heraus jene symbolreiche Kultur hätte entstehen können, die sich in einer kodierten Sprache auszudrücken vermochte. Gleichzeitig trat die geheimnisvolle Kaste der ägyptischen Priester und Gelehrten in Erscheinung, die großen Eingeweihten. Worin aber eingeweiht, wenn nicht in das Wissen der Atlanter? Wurde dem ägyptischen Baumeister Imhotep, dem Berater des Pharaos Djoser, nicht sogar göttliche Macht zugesprochen?

Man weiß heute, daß die Pyramiden von Giseh nicht nur Pharaonengräber sind, sondern wahre »Steinbücher«: Ihre Anordnung und die Beziehungen zwischen ihren Maßen zeugen unwiderleglich von den erstaunlichen astronomischen und mathematischen Kenntnissen der Ägypter. Die Sumerer wiederum kannten bereits die Ziffer Null, mit Hilfe derer sie kosmische Berechnungen anstellen konnten. Die babylonischen Astronomen wußten um das platonische Jahr, das sie mit bemerkenswerter Präzision errechnet hatten.

Diesen alten Kulturen war auch die Existenz von Konstellationen bekannt, die mit bloßem Auge unsichtbar sind und erst im 17. oder gar im 19. Jahrhundert mit dem Teleskop »entdeckt« werden sollten! Woher hatten sie dieses Wissen? Handelte es sich dabei nicht um eine Hinterlassenschaft der »Rotmenschen« und, blickt man weiter zurück, der Elohim?

Über Moses wurden die hebräische und später die christliche Kultur dieses atlantischen Erbes teilhaftig. Moses wurde als Kind im Schilf am Ufer des Nils von der Tochter des Pharao aufgefunden und dann, wie es in der Apostelgeschichte heißt, »in aller Weisheit der Ägypter unterrichtet«.

Der außerordentliche Reichtum des antiken Griechenlands an Gelehrten jeglicher Prägung hat ebenfalls seinen Ursprung am Ufer des Nils. Nachdem Thales von Milet bei ägyptischen Priestern studiert hatte, kehrte er in seine Heimat zurück und lehrte – lange vor Kopernikus und Kepler –, daß die Erde rund sei, was auch schon die Mesopotamier wußten. Auch Pythagoras bezog seine Kenntnisse über die Zahlen und die Bewegungen der Sterne aus Ägypten.

Es ließen sich noch zahllose solcher Beispiele aufführen. Nicht zuletzt der Weise Solon pilgerte zu Studienzwecken nach Ägypten. Dort vernahm er die Geschichte von Atlantis. Als er seine Lehrmeister verwundert über die Quellen ihres Wissens befragte, antworteten sie ihm: »All das steht seit langer Zeit hier in unseren Tempeln geschrieben und ist vor dem Vergessen bewahrt ...«

Abschließend möchte ich noch von einer persönlichen Erfahrung berichten, die wohl den Lesern von »Trajectoire« plausibler erscheinen wird als den anderen. Erstere nämlich wissen schon, welches besondere Verhältnis mich mit der Erde verbindet: Wenn ich ins Ausland reise, spüre ich jedesmal positive bzw. negative Vibrationen, als ob der Boden mich willkommen heißen oder aber warnen wollte. In manchen Ländern habe ich das Gefühl, wieder »nach Hause« zu kommen, als seien sie in einem früheren Leben meine Heimat gewesen. So habe ich bereits geschildert, welche Vertrautheit ich einmal bei einem Aufenthalt in Ägypten empfand. Uralte Erinnerungen, zuerst in Form einfacher Bilder, später als genaues Nacherleben, brachten mich zu der Überzeugung, ich müsse früher einmal im Tal der Könige gelebt haben.

Meine erste »gegenwärtige« Ägyptenreise trat ich nicht allzulange nach dem Sechstagekrieg an. Präsident Nasser zürnte zwar Frankreich noch ein wenig, weil es Israel unterstützt hatte, doch war bereits wieder von Versöhnung die Rede. Um die Rückkehr zu normalen Beziehungen einzuleiten, sollte zu Füßen der Pyramiden eine Modenschau veranstaltet werden. Aus Rücksicht auf gewisse Empfindlichkeiten wollten jedoch die Organisatoren keinen typisch französischen Modeschöpfer. So fiel die Wahl auf einen ganz eigenen Couturier: auf Paco Rabanne. Und es wurde mir die Ehre zuteil, die französisch-ägyptische Wiederannäherung durch eine Vorführung meiner letzten Kollektion vor der Sphinx von Giseh zu besiegeln.

Nach der Modenschau war ich ganz hingerissen von der unglaublichen Schönheit der ganzen Anlage, die durch das irreale Licht des Mondes noch unterstrichen wurde, und deshalb erstieg ich alleine den an der linken Tatze der Sphinx hinaufführenden steilen Pfad. Ich blickte hinüber zu der beeindruckenden Silhouette der Cheopspyramide und dachte träumend an die Geheimnisse, die sie in ihren Labyrinthen wohl bergen mochte. Da drehte ich mich plötzlich, einer inneren Stimme folgend, wieder zur Sphinx um, deren dunkles Profil sich gegen den Mond abzeichnete.

Ich erstarrte. Die Statue erschien mir auf einmal wie ein Hologramm, das heißt, daß die schwarze Steinmasse in einen durchsichtigen Schleier gehüllt war, der ihre ursprünglichen Umrisse wiedergab. Ich sah die intakte Sphinx, wie sie unmittelbar nach dem Bau dagestanden hatte. Voller Erstaunen gewahrte ich, daß die Statue farbig war: das Gesicht war rot bemalt, die Haube weiß und blau.

Dann hörte ich die Sphinx zu mir sprechen. Sie erklärte mir, daß sie das Symbol alchimistischen Wirkens sei, das sich zum Ziel gesetzt habe, durch Läuterung aus dem tierischen Zustand in einen göttlichen zu gelangen. Die Sphinx habe einen auf dem Boden ausgestreckten, gleichsam in irdischer Stofflichkeit verankerten Löwenkörper, doch ihr Antlitz sei menschlich und ihr Blick einer zwar rätselhaften, aber doch sichtlich völlige Ruhe verleihenden Wahrheit zugewandt. Beim Betrachten der Sonne werde sie selbst zu einem Gott.

Während ich diese Offenbarungen langsam in mich aufnahm, war mir, als sei der Stein allmählich nicht mehr ganz undurchsichtig. In der rechten Tatze der Sphinx erschien mir eine Passage. Eine versteckte Treppe führte hinab in einen Hohlraum, in dem alle atlantischen Geheimnisse verborgen sind. Diese Kammer enthält den endgültigen Beweis dafür, daß es bereits vor der Sintflut auf Erden eine Zivilisation gegeben hat, die über eine Schrift, über komplexe Maschinen und eine hochentwickelte Wissenschaft verfügte.

Bald jedoch verdichtete sich der Stein wieder, und Geheimkammer und Treppe verschwanden. »Wenn mein Antlitz einmal neu gestaltet wird, wird man diese Schätze entdecken«, raunte mir die Sphinx noch zu.

Derzeit sind am Sphinxgesicht Restaurationsarbeiten im Gange. Und kürzlich habe ich erfahren, daß die rechte Tatze der Riesenstatue völlig eingerüstet ist. Der Zutritt dazu ist Unbefugten verboten. Hat man etwa unter der Tatze mit Ausgrabungen begonnen?

Das Wissen der Atlanter, das eine der größten Kulturen entstehen ließ, aber durch seine Zweckentfremdung auch deren Untergang auslöste, wird vielleicht bald wieder ans Licht gelangen. Etwa deshalb, weil es einigen Erwählten offenbart werden muß, um überliefert werden zu können? Gleich den Söhnen Belials hat auch der moderne Mensch seit einigen Jahrzehnten mit der Kernenergie ein Mittel in der Hand, um die Erdachse zu verschieben. Daß es dazu wirklich einmal kommt, ist zwar nur eine Hypothese, doch wäre in einem solchen Fall mit ungeheuren Katastrophen zu rechnen, und die Überlebenden dieses »Weltuntergangs« müßten dann ihrerseits die Geheimnisse atlantischen Wissens irgendwo anders verbergen, da sie in Ägypten nicht mehr in Sicherheit wären.

Der Standort der Sphinx und der Pyramiden war wegen seiner außerordentlichen Stabilität ausgewählt worden. Schließlich mußten jene Bauwerke in einer erdbebensicheren Zone stehen, um das Geheimnis der Atlanter entsprechend hüten zu können.

Im Jahre 1992 jedoch hat sich etwas in meinen Augen höchst Beunruhigendes ereignet: Zum ersten Mal war in der Nähe der Cheopspyramide das Epizentrum eines Erdbebens. Ich fürchte, dies ist als sehr schlechtes Zeichen zu werten.

Sind wir wie die Söhne Belials beim Mißbrauch unserer innovativen Intelligenz zu weit gegangen? Haben wir uns so sehr von Gott entfernt, daß dieser uns an der Aufbewahrungsstätte menschlichen Wissens zur Ordnung ruft?

Es sieht danach aus, als sei der an einem bestimmten Punkt seiner Evolution angelangte Mensch nunmehr dazu verurteilt, durch eine Sintflut oder eine andere Katastrophe zugrunde zu gehen. Sehen die Götter den Aufstieg der Menschen voller Mißgunst?

PERVERTIERTES WISSEN

Als Hüter des Wissens behielt das alte Ägypten den Zugang dazu klugerweise wenigen Auserwählten vor. Etwa deshalb, weil es bereits die Risiken mißbräuchlicher Verwendung zu ermessen vermochte? Seit damals und über Jahrtausende hinweg sind Eingeweihte oft gezwungen gewesen, sich in schützendes Schweigen zu hüllen, um nicht Kenntnisse weiterzugeben, von denen sie ahnten, daß sie in falschen Händen zu den schlimmsten Katastrophen führen konnten. So wurde das Licht unter den Scheffel gestellt. Im Evangelium nach Matthäus heißt es (6, 6): »Werft eure Perlen nicht vor die Schweine, damit sie diese nicht mit ihren Füßen zertreten und sich umwenden und euch zerreißen.«

Die Entwicklung der heutigen Welt scheint all diese Befürchtungen zu bestätigen: Da die menschliche Intelligenz sich zum Werkzeug kühler Technokratie gemacht hat, trifft sie ein Gutteil der Schuld an der heutigen Krisensituation. Hat sie sich zum Beispiel nicht schon allzuoft in den Dienst der Massenvernichtung gestellt? Durch Namen wie Hiroshima und Tschernobyl ist die Wissenschaft in argen Mißkredit geraten. Ob sie sich davon wieder einmal erholen wird? Angesichts des Schadensausmaßes wird ihr in der öffentlichen Meinung allgemeines Mißtrauen entgegengebracht.

Wer jedoch solche Attacken auf die Wissenschaftler reitet, macht es sich meiner Auffassung nach zu leicht. Ich bezweifle, daß diese in der Abgeschiedenheit ihrer Bibliotheken und Labors je auf den Untergang der Menschheit hingearbeitet haben. Ob sie allerdings stets durchdacht haben, welch teuflischer Gebrauch sich von ihren Erfindungen machen ließe? Sie begnügten sich damit, ihr Verständnis der Gesetze des Universums ständig voranzutreiben und ihre Entdeckungen weiterzugeben. Von den Erben wurden diese Erkenntnisse aber oft zu perversen Zwecken verwendet. In Anbetracht der Katastrophen, die sich daraus ergeben haben oder eventuell noch ergeben werden, neigt man bisweilen dazu, gegen die Wissenschaft als solche zu wettern, und nicht gegen die Art, wie sie zweckentfremdet wurde. Wer also blindlings den »Fortschritt« verdammt, der meint eigentlich gar nicht diesen, sondern vielmehr den vom Mißbrauch des Wissens herrührenden »Rückschritt«.

Dieses Mißverständnis ist beileibe nicht neu. Seit Anbeginn jeglicher Zivilisation haben die Menschen sich in dem Gedanken gefallen, der beziehungsweise die Götter sähen es aus eifersüchtigem Machtwillen höchst ungern, wenn der Mensch nach Wissen trachte. Dieser Glaube spiegelt sich in zahlreichen Mythen wider, in denen die Götter zögern, den Menschen den Schlüssel zum Wissen auszuhändigen, weil sie befürchten, sie damit zu späteren Rivalen heranzuzüchten. Daß der Schöpfer so engherzig sein soll, vermag ich zwar nicht zu glauben, doch fehlt es nicht an legendenhaften Beispielen für diese abenteuerliche These. Danach habe der Mensch das Wissen nicht als Geschenk des Himmels erhalten, sondern sei gezwungen gewesen, es sich mit List und Tücke zu beschaffen, und sei dementsprechend hart bestraft worden.
Solche Elemente enthalten bereits die Sagen der Sumerer. Dort

weigerte sich der Gott der Weisheit, Enki, hartnäckig, der Menschheit die zu ihrer Weiterentwicklung notwendigen Geheimnisse preiszugeben. Die Himmelsgöttin Inanna hingegen ergriff Partei für die Menschen, deren primitives Dahinvegetieren sie nicht mehr mit ansehen konnte. So begab sie sich zu dem Gott Enki, der sie ihrer Schönheit zu Ehren mit einem festlichen Mahl bewirtete. Von ihrem Liebreiz bezaubert, sprach der Gastgeber allzusehr dem Alkohol zu und vertraute Inanna in seiner Trunkenheit die göttlichen Geheimnisse an. Als er wieder zu sich kam und gewahrte, daß er hintergangen worden war, setzte er Himmel und Erde in Bewegung, um Inanna an ihrem Vorhaben zu hindern. Die Göttin aber vermochte all seinen Fallstricken zu entgehen und setzte die Menschen von den Grundlagen der Zivilisation in Kenntnis. Der Anstoß war somit gegeben. Immerhin aber war es dazu erforderlich gewesen, keinen geringeren als den Gott der Weisheit zu überlisten.

Und mußte nicht auch Prometheus schweren Diebstahl begehen, um den Menschen das Feuer zu bringen? Ob er es vom Sonnenrad holte oder aus der Schmiede des Hephäst, weiß man heute nicht mehr genau zu sagen, doch gewiß vollbrachte er seine Tat ohne die Erlaubnis der Götter, die sich am Feuer das alleinige Nutzungsrecht vorbehielten. Als Zeus dieses Frevels inne ward, ließ er Prometheus ohne Erbarmen an einen Felsen schmieden, wo ein Adler ihm täglich die Leber zerfleischte. Eine deutliche Lektion!

Erneut wird diese Lektion in der christlichen Überlieferung erteilt, in der die Prometheusrolle von Luzifer übernommen wird. Dessen Name, der heute in so schlechtem Ruf steht, bedeutet eigentlich »Lichtbringer« (im Gegensatz zu Mephistopheles, dem »Lichthasser«). Ursprünglich war Luzifer ein völlig gottergebener Engel. Aus Liebe zur Schöpfung, vielleicht aber auch aus Hochmut, überbrachte er jedoch die Fackel der Erkenntnis einer bis dahin ins Dunkel der Unwissenheit gehüllten Menschheit. Luzifer wurde streng bestraft, denn Gott machte ihn zu einem gefallenen Engel, der zu den satanischen Kräften hinab mußte.

Bei einer ersten Lektüre dieser Mythen und heiligen Schriften müssen wir zu dem Schluß kommen, daß das Aufblühen der Kulturen und der Wissenschaften als Aufbegehren der Menschen gegen ihre Schöpfer aufzufassen ist. Trotzdem glaube ich, daß es sich etwas anders verhält. Was nämlich in all diesen Texten beanstandet wird, ist nicht so sehr der letztlich legitime Erkenntnisdrang der Menschen als vielmehr ihr gefährlicher Ehrgeiz, es den Göttern gleichzutun. Geht nicht der Untergang so mancher Kultur auf ihre Machttrunkenheit zurück? Denn wenn der Mensch erst einmal im Besitz des Wissens ist, dessen Pfade er unablässig erforscht, und seien sie noch so gefährlich, dann bildet er sich in seinem grenzenlosen Hochmut ein, er allein könne die Welt beherrschen. Ob Mythos oder Wirklichkeit: Der Untergang von Atlantis demonstriert augenfällig, was für ein schicksalhafter Prozeß immer wieder abläuft. Die Söhne Belials vergaßen oder verleugneten ihre göttliche Abkunft und wollten die Erde ihrer Willkür unterwerfen. Damit setzten sie sich der furchtbaren Rache der Götter aus. Selbstverständlich haben nicht alle »untergegangenen« Kulturen ihr Ende durch das Versinken eines Kontinents gefunden. Aber haben nicht alle aus Eitelkeit oder Lüsternheit gesündigt, aus dem allmählichen Verlust ihrer Bindung zu Gott? So ver-

hielt es sich mit Rom, das erst über den ganzen Mittelmeerraum herrschte und dann an sittlicher und politischer Ver-
derbtheit zugrunde ging. Auch die großen Kolonialreiche, ob
nun das portugiesische, das französische oder das britische,
wurden Opfer ihrer Arroganz und ihrer maßlosen Gier. Alle
hatten für wahre Überlegenheit gehalten, was doch nur zeit-
weilige Hegemonie war. Diese Mächte hatten sich der Illusion
hingegeben, die Welt gehöre ihnen und sie könnten beliebig
damit verfahren. Diese Anmaßung mußte sie zu einem mehr
oder minder jähen Niedergang verdammen.

Wie plötzlich auch der Fall des Sowjetreiches! Er hat uns erneut in Erinnerung gerufen, daß wir heutzutage für unsere Irrtümer immer schneller zur Rechenschaft gezogen werden. Die
ungeheure, unzerstörbar geltende Sowjetunion ist vor unseren
Augen zerbröckelt. Ist das nicht ein schlagendes Beispiel für
den zunehmenden Verfall der Kulturen? Der auf einem herrlichen Prinzip, nämlich der Gleichheit der Menschen, beruhende Kommunismus hat eine absurde Diktatur und ein zutiefst
gottloses System hervorgebracht.

Nicht seinem fortschreitenden Wissen fällt der Mensch zum
Opfer, sondern der Überheblichkeit, mit der es anwendet. Dies
legt uns auch ein anderer Mythos nahe: der Turmbau zu Babel.
Als die Menschen sich in den Kopf setzten, einen Turm zu bau-
en, dessen Spitze in den Himmel reichen sollte, zürnte ihnen
Gott und machte ihre Anstrengungen zunichte. Es ist leicht ersichtlich, daß den Menschen dabei nicht etwa ihre Fähigkeit
vorgeworfen wird, aus Ziegeln und Teer ein hohes Gebäude zu
fertigen. Die Schuld der Turmbauer besteht vielmehr darin,
daß sie sich aus eigener Kraft auf Erden durchsetzen und die

Himmelspforte gewaltsam öffnen wollten. »Wir wollen uns einen Namen machen!« riefen sie frech. Darüber vergaßen sie jede Gottergebenheit, vergaßen alle ethischen Grundsätze und sogar die elementarste Vorsicht.

Wissenschaft und Technik sollten dem Menschen nur helfen, sich in der Welt einzurichten; er aber wollte sie zum Werkzeug der Eroberung machen. Es ist nichts Verwerfliches daran, sich zum Himmel zu erheben – und darin liegt sogar der Sinn unseres Lebens –, solange nur dieses Emporstreben nicht als Herausforderung gedacht ist, sondern als der Wunsch, mit dem Ganzen zu verschmelzen.

Bibelexegeten haben oft den Apfel, in den Adam und Eva hineinbissen, als Symbol der Erkenntnis gewertet. Durch die verbotene Frucht sei es zum Sündenfall gekommen. Mir dagegen ist seit jeher suspekt, wie gewisse Kirchenkreise ganz bewußt gesunde menschliche Neugier und den satanischen Hochmut anmaßender Geschöpfe miteinander vermengen. Zumal ja die Erbsünde wie rein zufällig der Frau angelastet wird, da Eva die Frucht als erste aß. Ich glaube nicht einen Augenblick daran, daß Gott die Absicht hatte, den Menschen in Unwissenheit verharren zu lassen. Was sollte das auch für eine Art von Prüfung sein: zuerst Adam und Eva die Frucht der Erkenntnis anzubieten und dann zu hoffen, daß sie darauf verzichten? Das wäre absurd.

Ich bin vielmehr der Auffassung, daß der Apfel für die niedrigsten Instinkte des Menschen stehen soll, für seine zügellosesten Begierden, die ihn zum Materiellen hinziehen anstatt zum Geistigen. Vermutlich waren die beiden ersten Menschen der Schöpfung vor den Gefahren gewarnt worden, sich das Böse zu

Gemüte zu führen. Und den freien Willen, über den wir heute verfügen, gab es wohl auch schon im Paradies auf Erden. Adam und Eva konnten der Versuchung nicht widerstehen. Seit damals ist der Mensch bei all seinem Tun immer wieder mit der Notwendigkeit konfrontiert, zwischen zwei Wegen zu wählen: zwischen der Befriedigung, die ihm das Gute verschafft, und den riskanten Genüssen des Bösen. Und ebenso verhält es sich mit der Wissenschaft, bei der das Pendel stets auf die eine oder auf die andere Seite ausschlagen kann: auf Gedeih ... oder Verderb.

In der Prometheus-Sage etwa ist das Feuer ein ambivalentes Symbol: Es kann für die gezähmte Wärme stehen, kann aber auch genausogut zum vernichtenden Blitz werden. Oder wie es in Jakob Böhmes »Mysterium Magnum« heißt: »Das Feuer ist schmerzhaft, das Licht aber lieblich, sanft und fruchtbar.«

Das beweist, daß die Mythen nicht Wissen und menschliche Intelligenz an sich verdammen, sondern uns lediglich vor deren Zwiespältigkeit warnen. Und außerdem waren ja die göttlichen Verbote gar nicht so strikt: Haben die Götter nach Prometheus' Diebstahl nicht letztlich ein Auge zugedrückt? Prometheus wurde schließlich durch Herkules von seinem furchtbaren Schicksal erlöst. Nach dem Tod des Zentauren wurde ihm sogar ewiges Leben verliehen. Dennoch sollte die Strafe, die er abbüßen mußte, uns vor Augen halten, wie verantwortungsvoll die Menschen mit den ihnen gewährten Offenbarungen umgehen sollten.

Unsere eigene Zivilisationsstufe hat sich in dieser Hinsicht auch nicht gerade mit Ruhm bekleckert. Die Menschen haben das Wissen zweckentfremdet und die geistige Dimension ver-kümmern lassen. In der jetzigen Endphase von Kali-Yuga ha-ben sich die Wissenschaft und vor allen Dingen die Technolo-gie von ihrem göttlichen Ursprung entfernt. Von Descartes ist der berühmte Satz überliefert, wonach der Mensch sich zum »Herrscher über die Natur« machen solle. Was einer solchen Aussage zugrunde liegt, ist die fatale Aufspaltung in ein den-kendes Ich und eine als Objekt aufgefaßte Welt, die als bloßes Experimentierfeld gilt. Die Natur wurde hinfort zum ausge-dehnten Wirkungsbereich zahlloser Versuchemacher, die ihre Möglichkeiten weidlich ausnützten.

Es war dies der Ausgangspunkt für einen Raubbau an der Welt, auf dessen Ergebnisse wir bereits eingegangen sind: Umwelt-verschmutzung, Entwaldung, Treibhauseffekt usw. Die Bilanz ist katastrophal. Und die Verantwortung dafür liegt bei einer entarteten Wissenschaft, die eine Zeitlang glaubte, zwischen dem Menschen und der Natur eine Unterscheidung treffen zu können. Erst heute beginnen wir zu begreifen, wie sehr wir da-bei in die Irre gegangen sind. Wir Dummköpfe! Wir hatten vergessen, daß das Universum ein Ganzes ist und wir ein inte-graler Bestandteil davon sind. Wenn der Mensch sich die Natur untertan macht, dann versklavt er sich damit selbst.

Bei einigen Völkern, die wir »primitiv« nennen, weiß man das besser als bei uns. 1855 hielt der Häuptling der Duwamisch-In-dianer vor dem amerikanischen Präsidenten eine ergreifende Rede, bevor seine Leute sich in das ihnen zugeteilte, knapp be-messene Reservat aufmachten:

Jeder Teil dieser Erde ist meinem Volk heilig, jede Kiefernnadel, jeder Sandstrand, jede Wolke über dunklen Wäldern. Wir sind ein Teil der Er-

de, und sie ist ein Teil von uns. Die duftenden Blumen sind unsere Schwe-
stern, das Eichhörnchen, das Pferd und der große Adler sind unsere Brü-
der. Die Erde ist unsere Mutter. Wer sie angreift, der greift auch die Söh-
ne der Erde an. Wenn die Leute auf den Boden spucken, dann spucken sie
auch auf sich selbst. Denn wie wir wissen, gehört all das nicht dem Men-
schen, sondern der Mensch gehört der Erde, die der rote Mann liebt, so
wie das Neugeborene die Herzschläge seiner Mutter liebt.

Es liegt mir allerdings fern, mit einem Rundumschlag die gesamte Wissenschaft diskreditieren zu wollen. Jeder weiß, was
in den letzten Jahrhunderten der wissenschaftliche Fortschritt
zur Erleichterung unseres Alltags, zur Linderung von Not und
zum besseren Verständnis der Welt alles beigetragen hat. Wenn
wir erkranken, machen wir es denn auch alle wie Sokrates: Wir
rufen lieber den Arzt als den »Zweiten in allen Dingen«, den
Philosophen.
Und dennoch bin ich beunruhigt. So mancher mag sich nun
fragen, ob ich nicht ein wenig rückständig bin und mich vor
wissenschaftlichen Entdeckungen fürchte, die letzten Endes
vielleicht ganz harmlos sind. Vielleicht mute ich sogar an wie
jene Nörgler, die sich im 19. Jahrhundert mit Händen und
Füßen gegen die Eisenbahn sträubten und dabei die abwegig-
sten Argumente vorbrachten: Die Reisenden würden durch die
Teufelsgeschwindigkeit der Züge ganz benommen, würden
mit dem Fahrtwind üble Ausdünstungen einatmen und sich
beim Befahren von Tunnels eine Lungenentzündung holen ...
Als eines Tages ein schlauer Kopf das Rad erfand, sagte bestimmt auch irgendein Narr voraus, daß nun das Ende der
Menschheit bevorstehe. Warum also nicht weiter auf den Fortschritt vertrauen?

Dem ließen sich zum einen die bereits erwähnten ökologischen Mißstände entgegenhalten. Doch wäre das noch nicht Grund genug. Die Hauptursache meiner Befürchtungen liegt darin, daß die Wissenschaft heute vor einer Umwälzung ohnegleichen steht. Bis jetzt war technischer Fortschritt stets gleichbedeutend mit Innovation: Das neuerfundene Werkzeug vervielfachte zwar die Kraft des Menschen, war aber dennoch nichts weiter als eine mechanische Verlängerung seines Armes. Was sich jedoch heute abspielt, ist eine wahre Mutation, ein für den Wechsel von einem Tierkreiszeitalter zum anderen bezeichnender Vorgang. Werkzeuge sind nicht mehr nur unsere fügsamen Diener, sondern schicken sich an, uns über den Kopf zu wachsen. Der Computer begnügt sich nicht mehr damit, schneller zu rechnen als das menschliche Gehirn, sondern stellt Rechnungen an, zu denen der Mensch gar nicht fähig wäre. Bald werden in Mikrochips die Stoffe Gallium und Silizium durch biochemische Moleküle ersetzt werden, deren Speicherkapazität sich der einer lebenden Zelle annähert. Wir stehen kurz vor der Einführung der sogenannten vierten Robotergeneration, deren »intelligente« Maschinen imstande sind, aus ihrer Umgebung Informationen aufzunehmen und entsprechend darauf zu reagieren.

Sind wir heute in der Lage, alle Auswirkungen abzusehen, die sich aus einer solchen Mutation ergeben können? Wird der Halbgott Mensch nicht seinen eigenen Geschöpfen zum Opfer fallen? Jedenfalls sind wir angesichts der ungeheuren Möglichkeiten der Forschung mehr denn je darauf angewiesen, daß das Tun der Wissenschaftler von einer wahren Ethik geleitet wird, oder einfacher gesagt: von Verantwortungsbewußtsein.

Es ist alles eine Frage des richtigen Maßes. Das schien auch der große Gelehrte Dädalus seinem Sohn Ikarus vermitteln zu wollen, bevor dieser sich an seinen mit Wachs befestigten Flügeln in die Lüfte schwang. »Fliege nicht zu niedrig«, sagte ihm sein Erfindervater, »sonst tragen dich deine Flügel nicht. Fliege aber auch nicht zu hoch, sonst schmilzt das Wachs in der Sonne.« Doch vom Höhenrausch erfaßt flog Ikarus immer weiter empor, als wollte er sich unter die Götter mischen: Die Sonne brachte das Wachs zum Schmelzen, und der Hochmütige stürzte ins Meer hinab.

In unserer heutigen Situation ist es wohl kein primitiver Antirationalismus, wenn man behauptet, daß auch die moderne Wissenschaft uns in den Abgrund führen kann. Nun liegt es an uns allen, wachsam zu sein. Falls das noch genügt ...

Wer kennt zum Beispiel Goiania? Kaum jemand. Dabei spielte sich in dieser brasilianischen Stadt vor einigen Jahren eine Tragödie ab, die uns als eine Art Gleichnis über die Gefahren des Prometheus-Feuers erscheinen mag. Aus einem verwahrlosten medizinischen Labor holte sich ein Alteisenhändler ein Gerät, das bei der Krebsbehandlung eingesetzt worden war. Er zerlegte es und stieß dabei auf einen großen Bleizylinder, den er mit dem Hammer aufschlug. Der Zylinder enthielt ein schönes bläuliches, leicht phosphoreszierendes Pulver, von dem er seinen Kindern und später auch neugierig gewordenen Nachbarn gab.

Dieses Pulver war hochradioaktives Cäsium 137. Die Frau und die Kinder des Alteisenhändlers starben nach wenigen Tagen. Weitere Personen waren ungeheuren Strahlungsbelastungen ausgesetzt und hatten gleichfalls nicht mehr lange zu leben.

Insgesamt wurden Hunderte von Menschen bestrahlt, mehrere Familien mußten evakuiert und ihre Häuser abgerissen werden. Außerhalb der ehemaligen UdSSR war es noch nie zu so schweren Strahlungsschäden gekommen.

Da sollte ein Gerät zur Behandlung einer Krankheit dienen und führte schließlich zur Zerstörung eines Gemeinwesens. Läßt sich ein besseres Beispiel für die jederzeit mögliche Entgleisung aller Technologie denken?

Dabei handelte es sich hier nur um menschliches Versagen, um einen zufälligen Mißgriff. Am gefährlichsten aber ist der bewußte und permanente Einsatz der Wissenschaft zu tödlichen Zwecken.

So ist zum Beispiel die Kernspaltung an sich kein Übel. Bei entsprechender Beherrschung könnte sie zu einer echten Lösung unserer Energieprobleme werden, wenn einmal auf die heikle Frage des Atommülls eine befriedigende Antwort gefunden ist. Einstweilen aber sind wir durch die Abwege der Kernforschung seit fast einem halben Jahrhundert gewaltigen Risiken ausgesetzt. Über unseren Köpfen schwebt ein riesiges Damoklesschwert. Nach Schätzungen von Fachleuten entspricht das gesamte Kernwaffenarsenal heute 15 Milliarden Tonnen TNT! Zur besseren Vorstellung dieser gigantischen Zahl: Damit kommen auf jeden Erdbewohner drei Tonnen Sprengstoff! Wenn die Wissenschaftler warnend sagen, daß wir auf einem Pulverfaß sitzen, dann ist das keine leere Redensart, sondern pure Realität! Werden an jedermann Waffen ausgegeben, dann muß zwangsläufig eines Tages wegen irgendeiner Nichtigkeit eine allgemeine Schießerei ausbrechen.

Zur Rechtfertigung des Rüstungswahnsinns haben die Strategen sich jahrzehntelang hinter dem Begriff »Abschreckung«

verschanzt. Um seine Sicherheit zu gewährleisten, mußte ein Land seine Feinde davon überzeugen, daß es im Falle eines Nuklearangriffs zurückschlagen könne. Heute ist diese »Abschreckung« nur noch eine Illusion, denn wir wissen ja, daß bei einem massiven Atomangriff nicht nur das betreffende Land zerstört würde, sondern die gesamte Biosphäre … selbst wenn der Überfallene zu gar keinem Gegenangriff mehr käme. Nach einem Krieg oder einem größeren Unfall mit Atomwaffen würden also nur Verlierer dastehen.

Seit die Supermächte endlich die Sinnlosigkeit ihres kriegerischen Wahns eingesehen haben, ist ein Abrüstungsprozeß in Gang gekommen. Das ist zwar ein ermutigendes Zeichen, doch reicht das gegenwärtige Arsenal noch immer aus, um den ganzen Planeten auf eine andere Umlaufbahn zu schicken.

Da die Wissenschaftler über die aktuellsten Innovationen Bescheid wissen, können sie sich als Futurologen betätigen, und ihre Erläuterungen hören sich manchmal wie Prophezeiungen an. Hoffen wir dennoch, daß der große Chemiker Marcelin Berthelot sich irrte, als er gegen Ende des 19. Jahrhunderts schrieb: »Ich denke, daß nach etwa einem Jahrhundert der Physik und der Chemie der Mensch wissen wird, wie das Atom beschaffen ist … Und wenn die Wissenschaft diesen Punkt erreicht hat, wird vermutlich Gott mit seinem riesigen Schlüsselbund auf Erden herabsteigen und zur Menschheit sagen: ›Meine Herren, jetzt ist das Ende der Zeit!‹«

Die Risiken der Nukleartechnik sind nun weitgehend bekannt, selbst wenn erst fürchterliche Unfälle uns die Augen öffnen mußten. Es zeichnet sich jedoch noch eine andere, heimtückischere Gefahr ab. Auch wenn die Gentechnologie noch in den Kinderschuhen steckt, kann einem jetzt schon angst und bange werden, wenn man bedenkt, zu welchen Zwecken sie einmal eingesetzt werden könnte.

Großes Aufsehen erregte, als einer der führenden Wissenschaftler auf diesem Gebiet plötzlich seine Arbeiten einstellte. Es war ihm gelungen, Embryonen einzufrieren, was an und für sich als außerordentlicher wissenschaftlicher Erfolg und als Hoffnung für die Menschheit gewertet werden konnte. Dennoch beging dieser Genetiker lieber eine Art beruflichen Selbstmord, als weiter Forschungen voranzutreiben, deren spätere Auswirkungen ihm die Haare zu Berge stehen ließen. Er war sich durchaus bewußt, daß seine persönliche Entscheidung zwar einen Einfluß auf die öffentliche Meinung haben, aber nicht genügen würde, um den unaufhaltsamen Aufstieg der Gentechnologie zu stoppen. Seine Kollegen setzen ohne äußere Beschränkungen und unter dem Druck perverser wirtschaftlicher Interessen ihre Forschungsarbeiten fort. Was sie uns in ihren Reagenzgläsern wohl für eine Welt zusammenmixen? Daß die Menschheit einmal, anstatt auszusterben, nicht mehr das gleiche Angesicht haben könnte wie jetzt, ist eine kaum weniger erschreckende Vorstellung…

Die Natur hat das Wunder vollbracht, nie zwei vollständig gleiche Wesen hervorzubringen – mit Ausnahme eineiiger Zwillinge. Dennoch ist diese unendliche Vielfalt auf ein einziges, ewig gleiches Molekül zurückzuführen, nämlich die Desoxyribonukleinsäure, besser bekannt unter der Abkürzung DNS.

Dieses Molekül hat die Form einer doppelten Spirale, gleich der Kundalini, jener Lebenskraft, die sich laut Hinduglauben um unsere Wirbelsäule rollt. Als Sinnbild ursprünglicher Bewegung und Grundlage jeglicher Schöpfung ist diese Doppelschraube sowohl das Symbol der Fruchtbarkeit als auch der Fortdauer eines Wesens hinter seiner scheinbaren Wandelbarkeit. Das zu unendlich vielen Kombinationen fähige DNS-Molekül wiederum ist die schöpferische Quelle allen Menschentums und das Symbol für die Fortdauer der ganzen Menschheit.

Entdeckt wurde das in jeder der circa 100 Milliarden Zellen eines Erwachsenenkörpers enthaltene DNS-Molekül erst vor etwa vierzig Jahren. Heute ist die Wissenschaft in der Lage, einzelne Sequenzen daraus zu entnehmen, sie zu verändern und sie wieder einzubauen. Bald wird es möglich sein, jene Klone herzustellen, an denen sich schon seit langem die leider oft prophetische Züge aufweisende Science-fiction delektiert. Es wird sich dann von jedem Lebewesen ein biologisches Doppel anfertigen lassen: Es wird »genügen«, das im Kern irgendeiner Zelle enthaltene genetische Erbe zu entnehmen und in eine Eizelle einzupflanzen. Das infolge solch einer Manipulation zur Welt kommende Kind ist dann ein Zwilling des DNS-Gebers. Ein derartiger wissenschaftlicher »Erfolg« kann ebenso zum Besten des Menschen verwendet werden wie zu seinem Verderben. Welche Perspektiven tun sich da für die Lebensmittelindustrie auf, die sich die produktivsten Tiere aussuchen und damit unsere Ressourcen gewaltig steigern kann! Was für Sorgen aber kommen auf die Menschheit als solche zu! Werden wir uns zu einer Gesellschaft hinentwickeln, die sich den ihr gefälligen Menschentypus nach Gutdünken selber schafft? Werden die Reichen und Mächtigen sich von der Wissenschaft ihre persönlichen Klone züchten lassen und die zur eigenen

Lebensverlängerung notwendigen Organe ihren Doppelgängern entnehmen?

Eine apokalyptische Vorstellung! Viele Forscher wiederum sehen in genetischen Manipulationen einen Quell der Hoffnung, nämlich die Früherkennung erblicher Krankheiten, die im DNS-Code lokalisierbar sind. Allerdings ist das Aufspüren einer genetischen Anomalie noch lange nicht gleichbedeutend mit ihrer Heilung. Es steht eher zu befürchten, daß das bevorzugte Lösungsmodell auf eine medizinisch indizierte Abtreibung und eine Eliminierung aller Träger »anomaler« Gene hinausläuft. Damit wären einer Geburtenselektion und einer Art sozialer Eugenik Tür und Tor geöffnet: Es könnte von vornherein »ausgesondert« werden, wer nicht den Anforderungen der Gesellschaft entspräche. Wessen Krankheit oder Behinderung der Gemeinschaft zur Last fiele oder für dessen geistige oder körperliche Fähigkeiten kein Bedarf bestünde, der würde unweigerlich ausgemerzt. Das Ganze natürlich unter dem Vorwand, der Gemeinschaft bessere Lebenschancen sichern zu wollen. Denn als Rechtfertigung für dieses genetische Auswahlverfahren hätte man wohl wirtschaftliche oder demographische Argumente parat.

Nun ließe sich einwenden, daß es noch nicht so weit gekommen ist und ich hier ein Katastrophenszenario entwerfe. Die langfristigen Auswirkungen der jüngsten biologischen und genetischen Erkenntnisse sind noch weitgehend unbekannt. Dennoch gibt es schon Grund genug, Vorsicht walten zu lassen. Daß sich heute schon frühzeitig das Geschlecht eines Fötus bestimmen läßt, mag als eher harmlose Errungenschaft gelten. Und dennoch kostet dieser »Fortschritt« in manchen Ländern viele Mädchen das Leben, da dort schwangere Frauen lieber abtreiben, wenn sie erfahren, daß sie keinen Jungen zur Welt bringen werden. In einigen Kliniken wird einem sogar schon angeboten, daß man sich für ein paar tausend Mark das Geschlecht seines Kindes selber aussuchen darf. Was wird wohl die nächste Etappe sein? Dabei kommt einem jenes Projekt in den Sinn, das 1979 wie eine Farce geklungen hatte: In Amerika war man damals auf die seltsame Idee gekommen, das Sperma von Nobelpreisträgern einzufrieren, wobei das kaum verhüllte Ziel gewesen war, eine Rasse von Genies heranzuzüchten.

Heute werden die Bürger hellhörig und fordern überall die Einsetzung von Ethikkommissionen zur Überwachung der genetischen Forschung. Die Ergebnisse dieser Forschung sollten systematisch auf ihre positiven und negativen Folgen abgeklopft werden. Doch die Existenz solcher Kommissionen ist an und für sich schon ein Offenbarungseid: Daß sie notwendig geworden sind, zeigt nämlich an, daß die Wissenschaft anscheinend nicht mehr fähig ist, das Gute vom Bösen zu unterscheiden. Wer nun behauptet, das sei schließlich noch nie ihre Aufgabe gewesen, dem muß ich entschieden widersprechen! Die frühere, auf geheimen Erkenntnissen beruhende Wissenschaft verlor nie aus den Augen, daß sie einem Zweck zu dienen hatte, nämlich der Hinwendung zum Göttlichen, und nicht etwa einer Höllenfahrt. Was man in alten Zeiten wußte und was die alten Ägypter zu bewahren verstanden, das ist der modernen Wissenschaft verlorengegangen. Sie hat allzulange so getan, als gehörten Moralbegriffe nicht zu ihrer Domäne. Heute wird augenfällig, in welche Wirrsal und auf was für gefährliche Abwege uns diese Fahrlässigkeit gebracht hat! Daß nun ausgerechnet Wissenschaftler es sind, die Alarm schlagen, darf gewiß als Hoffnung gelten; doch wird man auf ihre Warnungen hören?

Oder muß es erst so weit kommen, wie Isaias (2, 11) es prophezeit: »Die stolzen Augen der Menschen werden gesenkt, es duckt sich der Hochmut der Männer, und erhaben ist allein der Herr an jenem Tag.«

Ich möchte nur ja nicht mißverstanden werden und betone deshalb nochmals, daß sich meine Kritik nicht gegen die Wissenschaft als solche richtet, sondern gegen den falschen Umgang mit ihren Erkenntnissen. Wogegen ich mich wende, ist vor allem die Wissenschaftsgläubigkeit, der Versuch also, den Menschen auf einige mathematische Formeln zu reduzieren. Die Moderne hat es aufgegeben, die Frage nach dem Warum zu stellen und interessiert sich nur mehr für das Wie. Nicht mehr Ursprung und Sinn des Lebens sind von Bedeutung, sondern einzig das mechanische Funktionieren der Welt. Ich befürchte nur, daß eine um jedes geistige Prinzip gebrachte Gesellschaft einmal der Zerstreuung anheimfallen wird, so wie es den Turmbauern von Babel ergangen ist.

Dennoch darf man nur deshalb mit Fingern auf die Wissenschaft zeigen, weil sie sich von ihren ursprünglichen Zielen entfernt hat. Kehrt sie hingegen auf den rechten Weg zurück, so ist sie unsere wichtigste Überlebenschance. Eins nämlich sollte klar sein: Wenn ich zwischen der Wissenschaft und irgendeinem billigen Irrationalismus zu wählen hätte, dann würde ich mich ohne Zögern für die Wissenschaft entscheiden. Ich weiß nur zu gut, daß die uns bedrängenden Probleme ohne wissenschaftlichen Beistand nicht befriedigend gelöst werden können. Nur die Forschung kann durch die Entwicklung neuer Energien unsere Ressourcen steigern, kann Epidemien bekämpfen und eine ständig wachsende Erdbevölkerung ernähren. Durch die Biotechnologie etwa dürfte es möglich sein, auf der Basis von Substraten wie Erdgas oder landwirtschaftlichen Abfällen einer preisgünstigen Massenproduktion eßbarer Proteine auf die Beine zu helfen. In Feinschmeckerkreisen wird es zwar zu einem Aufschrei kommen, aber wir können auf diese Weise unsere Böden schonen und Millionen von Menschen das Leben retten.

Was ich also herbeisehne, ist nicht das Ende der Wissenschaft, sondern ihre Unterwerfung unter das Wohl der Menschheit. Und ich wünsche mir, daß der sich anbahnende gewaltige Wandel bewirkt, daß alle Wissenschaftler sich ihrer Verantwortung bewußt werden. Leider ist immer noch der berühmte Spruch aktuell, den Albert Einstein einmal getan hat: »Die entfesselte Kraft des Atoms hat alles verändert außer unser Denken, und so treiben wir auf eine noch nie dagewesene Katastrophe zu: Ein neues Denken ist also unerläßlich, wenn die Menschheit überleben soll.«

Ich bin mir nicht sicher, ob dieses neue Denken aus all den Stimmen, die gegen den Mißbrauch der Technologie protestieren, deutlich genug herauszuhören ist. Gerade die Argumente mancher Umweltschützer muten mich doch recht vergangenheitsbezogen an.

Daß jemand mit einer »Ente« herumfährt, finde ich ja noch ganz amüsant, doch wer dafür eintritt, daß man wieder zur Kerzenbeleuchtung zurückkehren sollte, über den könnte ich wütend werden. Ökologie darf schließlich nicht mit einer

Rückkehr in die Steinzeit verwechselt werden. Im Wassermannzeitalter müssen wir einen Satz nach vorne tun, nicht
nach hinten. Leider scheinen viele Leute ihre Liebe zur »Natur«
nur deshalb entdeckt zu haben, weil sie so ihren Haß auf die
Moderne ausleben können. Wahre Umweltschützer vertreten
keineswegs eine archaische Einstellung.
Und ich selbstverständlich genausowenig. Ich habe mich mein
Leben lang bemüht, mir die Moderne zu eigen zu machen. Als
Folge davon bin ich bisweilen als Avantgardist bezeichnet worden, was mir absurd erscheint und was ich mittlerweile geradezu als Beleidigung empfinde. Ich stehe mit beiden Beinen auf
dem Boden der Gegenwart, deren Wesensart ich auch in meinen Kollektionen offenbare. Nicht ich bin meiner Zeit voraus,
sondern die, die mich einen Avantgardisten nennen, hinken ihrer Zeit hinterher.
Mit den Umweltschützern stimme ich in vielen Punkten überein. Gleich ihnen bin ich der Meinung, daß zur Rettung nicht
nur unserer Umwelt, sondern unseres ganzen Planeten ein glo-
bales Handeln dringend erforderlich ist. Ich hüte mich aber vor
jenen, hinter deren umweltpolitischem Glaubensbekenntnis
sich eine sterile Sehnsucht nach einer altväterlichen Welt ver-
birgt, für die ich mich nicht besonders erwärmen kann. Warum
sollten wir in Bausch und Bogen verdammen, was die heutige
Welt uns an Bequemlichkeiten bietet? Die Abende am Ka-
minfeuer mögen ja recht idyllisch gewesen sein, aber elektri-
scher Strom und Zentralheizung haben auch etwas für sich.
Ährenleserinnen, Waschfrauen und Büglerinnen waren gewiß
reizvolle Bildersujets, doch wer heute solche Berufe ausübt, der
dürfte froh sein, daß sie aufgrund der Mechanisierung nicht
mehr gar so anstrengend sind.

Manche »Fundamentalisten« neigen ärgerlicherweise dazu, ihr Gesellschaftsideal eher in der Vergangenheit zu suchen als in der Zukunft. Ich habe sogar schon von Soziobiologen gehört, die von einer Welt träumen, in der der Mensch seine Lebensweise der »Kernfamilie des Weißhandgibbons oder der harmonischen Gemeinschaft der Bienen« angleicht. Eine bestürzende, erschreckende Zielsetzung! Es ist zwar richtig, daß wir dem Tierreich entstammen, und in »Trajectoire« habe ich auch schon erläutert, daß wir uns anfangs wohl auch als Tiere inkarniert haben. Aber die Evolution strebt immer und unweigerlich nach oben! Man verschone uns also bitte mit unangebrachten Sehnsüchten: Wir streben empor und nicht hinab!

Es würde mich nicht weiter wundern, wenn bald Fundamentalisten AIDS als Teil des auf Gaia tätigen Selbstregelungsmechanismus oder die Eugenik als einzige Antwort auf die Bevölkerungsexplosion bezeichnen würden. Von falschen Propheten soll später noch die Rede sein. Seien wir einstweilen da auf der Hut, wo hinter der Vorliebe für die Natur eine Abneigung gegen den Menschen hervorlugt.

Abneigung und Haß ... Darin liegt vielleicht der größte Fehler, den unsere Zivilisation begeht. Wir haben vergessen, daß Gott nicht nur Erkenntnis ist, sondern auch Liebe. Und haben des weiteren vergessen, daß die menschliche Intelligenz nur ein kaltes Ungeheuer ist, wenn sie nicht von inbrünstiger Geistigkeit geführt und angeleitet wird.

Und dieser Mangel an Liebe wird die Apokalypse herbeiführen. Wir handeln schon zu lange unter dem Einfluß eines »Wissens ohne Gewissen«. Zeugt unser fahrlässiger Umgang mit der Ozonschicht nicht von Desinteresse am Schicksal unserer Kinder? Ist unser Müllexport in Entwicklungsländer nicht ein eklatanter Mangel an Solidarität? Und ist nicht völlige Unmenschlichkeit am Werke, wenn in Südamerika Kinder getötet werden, um als »Organspender« zu dienen?

Die aus geheimen Kenntnissen heraus geborene Wissenschaft hat sich allmählich zu einer Prostituierten entwickelt: Sie hat sich an den Kommerz verkauft und ist zur Sklavin wirtschaftlicher Interessen geworden. Sie hat zur Weckung der falschen Bedürfnisse beigetragen, die zu unserer Wohlstands- und Wegwerfgesellschaft geführt haben. Seit sie auf Abwege geraten ist, ist ihr nichts mehr heilig. Alles ist zur Ware geworden: Blut, Organe und sogar Sperma.

Vor solchem Hintergrund wäre es allerdings ungerechtfertigt, die Wissenschaft allein zum Sündenbock für all unsere Mißstände zu machen. Sie ist nichts weiter als das Werkzeug unserer bösen Absichten. Es mag sein, daß sie an Hiroshima und Tschernobyl schuld ist. Zum Bau der Gaskammern und der Verbrennungsöfen von Auschwitz hat es jedoch keiner Spitzentechnologie bedurft...

Unser Planet Gaia leidet aber nicht nur unter chemischer Verschmutzung, unter Zubetonierung und allgemeiner Verschlechterung der Umwelt, sondern er wird auch erstickt von der Schwärze unserer Gedanken, die früher oder später einmal irdischen und himmlischen Zorn hervorrufen.

WENN DER BLAUE PLANET SICH SCHWARZ FÄRBT...

Als Modeschöpfer hatte ich schon früh Gelegenheit zu häufigen Auslandsreisen. Schon in den sechziger Jahren habe ich die fünf Kontinente besucht, um meine Kollektionen vorzustellen. In meiner unersättlichen Neugier auf alle Kulturen und alle Landschaften bereiste ich die Welt mit der Wollust eines Baudelaire, der von einer jungen Riesin träumte, deren »wunderbare Formen« er »nach Herzenslust entdecken« könne.

Ich war bei weitem nicht der einzige, der sich an den Herrlichkeiten der Natur berauschte. Durch von Astronauten aufgenommene Fotos konnte zum ersten Mal eine Generation von Menschen voller Entzücken die außerordentliche Schönheit des Blauen Planeten bewundern.

Leider sind mir auf meinen letzten Reisen – nach Rußland, Brasilien, Kanada und Japan – ganz andere Eindrücke entstanden. Die Erde bietet heute ein völlig gewandeltes Gesicht. Überall ist ein einförmiges Grau auf dem Vormarsch. Aus der Vogelperspektive ist es mir so vorgekommen, als seien alle Städte der Welt von einer Schmutzschicht überzogen, wenn sie nicht gar im Müll versinken.

Auf einem der letzten Flüge der amerikanischen Raumfähre hat eine Astronautin festgestellt, was mit unserer Erde für eine Veränderung vorgeht. Die von der Industrie ausgestoßenen

Gase machen die Atmosphäre an manchen Stellen für die thermische Infrarotstrahlung undurchlässig. Vom Weltraum aus läßt sich beobachten, wie diese »Spektralmarkierung« sich immer weiter ausbreitet.

Ich bin jedoch überzeugt, daß daran nicht nur die Umweltverschmutzung schuld ist. Die Schwärze, die ich wahrnehme, entströmt auch unseren trübsinnigen, galligen, ja manchmal bitterbösen Seelen. Jedesmal wenn uns ein Gedanke durchfährt, senden wir eine Schwingung aus. Wenn diese Schwingungen negativ sind, verschmutzen sie unsere geistige Umwelt und die unserer Mitmenschen. Man weiß ja, wie ansteckend »schlechte Laune« sein kann. Betritt man das Zimmer oder das Büro eines Zeitgenossen, der gerade »schwarzsieht« (nicht umsonst heißt es so), dann spürt man gleich selbst eine Last auf den Schultern. Die Summe der in einer ganzen Stadt oder einem ganzen Land verströmten negativen Schwingungen lagert sich wie eine geradezu greifbare Schlacke auf unserer Psyche ab und erzeugt wiederum Haß, Neid und Bitterkeit.

In »Trajectoire« habe ich geschildert, wie ich vor etwa zwei Jahren einmal in Paris dahinschlenderte, als sich plötzlich eine Finsternis um mich schlug, die zäher und schleimiger war als flüssiger Teer. Die Menschen waren verschwunden, alles um mich herum war nur noch Schmutz. Als dieses fürchterliche Leichentuch meinen Körper berührte, stieß ich einen Schrei aus. Augenblicklich war die Dunkelheit fort. Ich sah wieder das Tageslicht ... und die befremdeten Blicke einiger Passanten!

Das Ganze hatte vermutlich nur ein paar Sekunden gedauert. Als ich wieder zu Hause war, las ich jedoch noch einmal die Bibelstellen, in denen von den drei Tagen des Herrn die Rede ist. Und da begriff ich, daß ich gerade ein visionäres Erlebnis von der furchtbaren Finsternis gehabt hatte, die den Blauen Planeten umhüllen wird, wenn einmal der himmlische Zorn über ihn hereinbricht.

Seitdem richte ich beständig mein Augenmerk auf den beängstigenden Schleier, der sich über die Farben der Welt legt. »Dieses dunkle Zeitalter wird sich bis zu seinem Ende verdunkeln«, heißt es im »Wischnu-Purana«. Während alles auf Erden sich bemüht, zur Helligkeit der Vierten Vibrationsebene emporzusteigen, werden wir Menschen immer schwerfälliger und versinken in zäher Materie. Wie soll es da zu keinem Bruch kommen?

Schon senkt sich über das einem Zyklus unterworfene Zeitalter der Fische die Dämmerung herab. Doch wenn auch der Übergang von einem Zeitalter zum anderen unabwendbar ist, so bringt er nur in dem Maße Verderben über uns, in dem wir selbst dazu beitragen. Die Wolken, die sich über unserem Schicksal zusammenziehen, sind nichts weiter als die Auswirkung unserer eigenen Seelenschwärze.

Die Hauptschuld daran trägt jenes negative Gefühl, das unsere Seele vergiftet: der Egoismus, beschönigenderweise auch Individualismus genannt. Er nämlich legt unseren Gedanken Scheuklappen an und lädiert unsere inneren Schwingungen.

Prometheus war das Symbol der zu Anbeginn aller Zeiten gemachten Eroberungen; das Sinnbild des ausgehenden Kali-Yuga aber ist Narziß. Nicht nur haben wir das Göttliche vergessen, sondern wir kümmern uns auch nicht mehr um öffentliche Angelegenheiten und betreiben nur noch Nabelschau. Die vorherrschende Religion ist zweifellos der Ich-Kult. Bodybuilding, Frischzellentherapie, Lifting: Mens sana in corpore sano? Nein, wichtig ist nur der Schein, nicht das Sein. Keiner will mehr alt werden, keiner mehr sterben, keiner will eine Erfahrung weitergeben oder irgend etwas mit irgend jemandem teilen. Beruflicher Erfolg ist nicht mehr nur die Belohnung für geleistete Arbeit, sondern das Sprungbrett zu gesellschaftlicher Macht und ostentativem Wohlstand. Und ein jeder will seine Ruhe haben, auch vor dem eigenen Gewissen. Bei der geringsten Regung ihrer Seele rennen die Ich-Anbeter gleich zum Psychiater, der sie dann dahingehend beruhigt, daß schließlich sie die Hauptsache sind. Rundum gut soll es einem also gehen, im Hier und Jetzt.

Und wo bleibt die Erde bei so viel Egozentrik? Wo bleiben die Erde und ihre Bewohner – die anderen –, wo bleibt die Zukunft der Welt, also unsere Zukunft? Darum kümmert sich niemand, oder kaum einer. Gerade das aber wird uns zum Verhängnis werden, uns allen gemeinsam, und damit doch jedem einzelnen von uns. Ein eingefleischter Egoist kommt mir vor wie ein Mann, der in seinem Haus alles bis ins letzte ausgestaltet und dabei gar nicht merkt, daß ein Erdrutsch jeden Augenblick sein ganzes Grundstück wegreißen kann. Wie sollen die Menschen heute auch wahrnehmen, was auf der Erde vor sich geht, wenn ihre Gedanken permanent um ihr oberflächliches Ich kreisen? Gehört haben sie selbstverständlich schon von der Umweltkatastrophe oder den ethnischen Konflikten, die allenthalben toben, und sie verfolgen derlei auch in den Medien. Nie aber geht dieses Interesse über ein kurzes Stirnrunzeln hinaus, bevor zum Sportteil weitergeblättert wird. Gegebenenfalls vergießt man ein Tränlein ob so viel Ungemach, oder man bezieht daraus das nötige Wissen, um bei einer Tischgesellschaft zeigen zu können, daß man sich auf dem laufenden hält. Informiert sein: das ist so recht etwas nach dem Geschmack dieser Gemüter; sich engagieren aber, sich einmischen, aktiv werden: damit sind sie überfordert. »Bitte nicht stören!« lautet das Motto.

Die überall sich breitmachende Egozentrik ist heute das Haupthindernis, das dem von Wissenschaftlern und Esoterikern geforderten globalen Umdenken im Wege steht. Wie soll man sich auch bei Leuten Gehör verschaffen, die draußen mit einem Walkman herumlaufen und sich zu Hause in ihrer hochheiligen Gemütlichkeit einigeln? Ständig ist von »Kommunikation« die Rede, dabei zielen doch sämtliche Errungenschaften des modernen Lebens, vom Getränkeautomaten bis zum Bildschirmtext, auf nichts anderes ab, als die zwischenmenschlichen Kontakte so weit wie möglich zu reduzieren. Die anderen! Die sollen doch froh sein, daß man sie so toleriert, das heißt, solange sie nur hübsch bei sich zu Hause bleiben und einem nicht in die Quere kommen. Andernfalls muß natürlich das eigene Territorium verteidigt werden, ob es nun ein nationales, ethnisches oder religiöses ist. Es hat die Stunde der Fundamentalismen jedweder Couleur und der ethnischen Säuberungen geschlagen. Hat etwa gar schon der große Krieg begonnen, der das Ende unserer Zeit einläutet?

So mancher wird die Ansicht vertreten, in den meisten »demokratischen« Ländern stünden wir doch gar nicht so schlecht da, und auf dem Rest der Erde träten wir schließlich als Wohltäter der Armen und als Verfechter der Menschenrechte auf. Dabei ist das doch nur eine Methode, um sich mit ein paar punktuellen Einsätzen eine weiße Weste zu verschaffen. Da treten wir immer wie die Oberlehrer auf, aber was für ein Modell haben wir eigentlich zu bieten? Unsere ganze Zivilisation kennt nur noch eine Parole, und die lautet: Wohlstand. Und zwar individueller Wohlstand, denn es geht uns keineswegs um das Gemeinwohl, sondern um einen Zustand persönlichen Überflusses, den wir kühn »das Glück« nennen. Irgend jemand hat aber einmal gesagt, individuelles Glück, das nicht darauf aus sei, sich auf seine Umgebung auszudehnen, sei nichts anderes als ein »Raubtiertraum«. So verfolgen wir also unsere Ziele ohne Rücksicht auf die, die wir dabei tottrampeln.

»Wer viel Geld besitzt, wird Herr über die Menschen sein«, heißt es im »Wischnu-Purana«, in dem das Ende des Kali-Yuga als Vorbote der großen Katastrophe gesehen wird. »Ein Vermögen anzuhäufen, wird das am weitesten verbreitete Ziel sein. Das Denken der Menschen wird hauptsächlich mit dem Streben nach materiellen Vorteilen und nach Macht beschäftigt sein. Die geistigen Werte werden Tag für Tag herabsinken, und die Welt wird verkommen. Nur durch Eigentum und Vermögen wird man zu Ansehen gelangen, nur körperlicher Gesundheit wird man Verehrung entgegenbringen, und alle Leidenschaften werden nur sexueller Natur sein. Durch Lug und Trug wird man es zu Erfolg bringen.«

Da der Ich-Kult nur noch gelten läßt, was Spaß macht, läßt sich in unserer Zivilisation ein zunehmender Sittenverfall beobachten. Daß man sich um etwas bemühen muß und es ohne Fleiß keinen Preis gibt, will einer hedonistischen Gesellschaft nicht mehr so recht einleuchten. Drogen, Sex und Spiele breiten sich auf der ganzen Erde aus und beschweren tagtäglich das Karma der Menschheit. Liedertexte strotzen vor Haß, in für Kinder konzipierten Spielen wird Gewalt propagiert, und die Liebe tut sich immer schwerer. »Bekehrt euch doch, jeder von seinem bösen Wandel und seinem schlimmen Tun«, beschwört uns der Prophet Jeremias. Aber wen kümmert denn heute noch Jeremias? Da hört man doch viel lieber auf das, was uns die Werbung verheißt! Dort ist die Erotik zur probaten Marketingmethode avanciert, ob damit nun Autos, Pralinen oder Scheuerpulver feilgeboten werden. In Werbespots triumphiert der »Egoist«, wenn er sich nur mit dem entsprechenden Parfum besprüht hat, und eine bestrumpfte Schöne rät: »Werden Sie teuflisch!«

Selbstverständlich ist davon einiges nur scherzhaft gemeint. Aber diese Art von Humor kommt nicht von ungefähr, sondern spiegelt unsere innersten Neigungen wider. Teuflisch sind wir ja schon jetzt und werden es noch mehr, wenn wir nicht endlich umdenken. Und so rollen wir für den Antichrist, diese uns verkündete Satanserscheinung, einen roten Teppich aus. Wenn er einmal kommt, wird es für alle Reue zu spät sein. »Ihr habt mich gerufen«, wird er sagen, »hier bin ich ...«

Bei dieser Protzerei mit ungerecht verteilten Reichtümern und diesen Ausschweifungen kommt mir unwillkürlich die »große Buhlerin« in den Sinn, über die es in der Johannes-Apokalypse heißt: »Das Weib war in Purpur und Scharlach gekleidet und geschmückt mit Gold, Edelgestein und Perlen (...). Auf seiner Stirn stand als Geheimnis ein Name geschrieben: ›Babylon, die Große, die Mutter der Buhlerinnen und der Greuel der Erde.‹« Diese herrliche Stadt war zum Niedergang verurteilt, da dort alles nur auf irdische Werte abgestellt war. Geld und Macht hatten die Menschen verdorben und alles Geistige in ihnen abgetötet. Diese Stadt hat aber in der Menschheitsgeschichte Symbolcharakter. Die Bibel steckt voller Anspielungen auf ähnliche Fälle, auf Städte wie Sodom und Gomorrha, über die wegen ihrer Lasterhaftigkeit der Zorn des Herrn kam. Und überall steht geschrieben, daß einmal über die »neuen Babylons« ein noch schrecklicheres Strafgericht kommen wird.

Ist es etwa ein Zufall, daß ausgerechnet eine der verkommensten Städte des Erdballs, nämlich das geldsüchtige, körperhörige Los Angeles, diese Metropole der Künstlichkeit und der Illusion, in der Gewalt und Drogen außer Rand und Band geraten sind, an einem tektonischen Graben liegt, der binnen weniger Minuten die gesamte Stadt zerstören könnte? Der große amerikanische Seher Edgar Cayce hat vorhergesagt, daß diese unabwendbare Katastrophe noch vor Ende des Jahrhunderts eintreffen wird. In Geologenkreisen ist man durchaus der Ansicht, daß sich diese Prophezeiung bewahrheiten könnte, wobei dann auch San Francisco gefährdet wäre.

Zahlreichen Städten im Mittelmeerraum könnte das gleiche Schicksal widerfahren. Sind nicht auch sie moderne Babylons geworden? Haben sie zum Beispiel nicht furchtbare Umweltsünden begangen? Betonkästen, ungeklärte Abwässer, Verklappung ...

Das Mittelmeer gilt inzwischen als eines der meistverschmutzten Meere der Welt. Und dennoch stürzen sich Jahr für Jahr Millionen von Menschen in seine Fluten und suchen darin ... ja, was eigentlich? Das weiß keiner mehr so recht. Erschwerend kommt noch hinzu, daß diese Region in ausgedehnte Mafia-Machenschaften verstrickt ist: Zweifelhafte Immobiliengeschäfte verschandeln den ganzen Küstenstrich, während in Spielhöllen und illegalen Drogenlabors an der Zerrüttung der Seelen gearbeitet wird. Schon Nostradamus sorgte sich um das Schicksal dieser Region (X. Centurie, 60. Vierzeiler):

Nizz', Monec', Pis', Genua zu beklagen,
Savon', Siena, Capua, Mod'na, Malt',
Jamm'r und Elend haben sie zu ertragen,
Feu'r, Erdbeben, Flut und Schwerts Gewalt.

Und im 6. Vierzeiler der VII. Centurie heißt es:

Napel und Sicilien, Palermo
Von Barbarenvölkern überschwemmt,
Sardeninsel, Corsika, Salerno
Hunger, Pest und Kriege ohne End'.

Die italienische Halbinsel und die französische Côte d'Azur wären also dem Untergang geweiht. Doch bleiben auch andere Städte nicht verschont. In der bereits erwähnten Prophezeiung von Prémol werden die internen Konflikte vorhergesagt, die einmal den wirtschaftlichen und kulturellen Glanz der libanesischen Hauptstadt zunichte machen würden: »Du, stolzes Tyrus« – südlich von Beirut –, »entkommst zwar dem Gewitter noch, aber freu dich nicht zu früh in deinem Hochmut. Der Ausbruch des Vulkans, der deine Eingeweide verbrennt, rückt immer näher.« In der gleichen Prophezeiung wird auch Jerusalem gewarnt, die alte Hauptstadt Judäas, deren Nachbarregion Palästina von den bekanntermaßen unnachgiebigen Israelis besetzt ist: »Jerusalem! Jerusalem! Rette dich vor dem Feuer von Sodom und Gomorrha und vor der Plünderung Babylons!« Bereits Zacharias (12, 10) erwähnte die Gefahr, die von Jerusalem für den Weltfrieden ausgehen würde, was heute in der Palästinenserfrage und der Intifada, dem »Krieg der Steine«, seine Bestätigung findet: »Ich mache Jerusalem zu einem schweren Hebestein für alle Völker; wer immer ihn heben will, reißt sich wund.«

Damit aber nicht genug. Es scheinen noch andere große Städte bedroht zu sein. An erster Stelle nennen die meisten Prophezeiungen übereinstimmend Paris, das »Babylon Galliens«, und Rom, das wieder als »die Große Buhlerin« bezeichnet wird. Doch darauf kommen wir noch zurück.

Selbstverständlich müßte man zur Besinnung kommen, müßte ankämpfen gegen diesen Sittenverfall, gegen die Mißwirtschaft einer jeglicher Not gleichgültig gegenüberstehenden Privilegiertenschicht. Doch wie sollte das gelingen, wo doch das ganze System auf die Fortdauer einer solchen Lebensweise angelegt ist? Mit ganztägiger Werbeberieselung sollen wir zu einem Kaufrausch angeregt werden, dessen Auswirkungen auf die Umwelt man uns verheimlicht. Der Konsumwettlauf soll anscheinend nie ein Ende nehmen. Zwar stellen die Japaner heute schon so viele Fernseher her, daß sie nicht mehr wissen, wem sie sie noch verkaufen sollen. Die Industrie aber hat auf diese Sättigung des Marktes eine Antwort gefunden: Da werden ganz einfach die Normen geändert, man erfindet das hochauflösende Fernsehen, und schon muß ein neues Gerät her. Und weltweit machen alle begeistert mit. Die Industrieländer werden heute von überflüssigen Produkten aller Art regelrecht überschwemmt.

Konkurrenz, Wettbewerb, Rentabilität: durch irgendeinen Trick hat unser Zeitalter es geschafft, daß gerade diese Werte hochgejubelt werden. Wir leben in einer Welt der Finanzhaie, der Headhunter und der Spekulanten. Alle Schläge sind erlaubt, und wer keinen Killerinstinkt hat, der ist zum Scheitern verurteilt. Doch braucht man sich wirklich nicht zu wundern, wenn einer auf solchen Werten gründenden Gesellschaft dann die reellere, blutigere Gewalt entspringt, die sich auf den Straßen unserer Großstädte breitmacht. »Die Väter aßen unreife Trauben, und den Söhnen werden die Zähne stumpf«, heißt es im Alten Testament. Der Gewalt in den Vororten entspricht auf einer anderen Ebene die institutionalisierte Kriegführung, bei der jeweils die eine Seite unter der Schirmherrschaft internationaler Eingreiftruppen mit der anderen Seite abrechnen darf. Da werden an die fragwürdigsten Regime Waffen verschachert oder stehen direkt zum freien Verkauf, und wenn dann die Käufer taktloserweise Gebrauch davon machen, verziehen wir entrüstet das Gesicht.

Auf unseren Bildschirmen türmen sich die Leichenberge, und wir sehen schon gar nicht mehr richtig hin. Wenn ein Reisender aus dem vorigen Jahrhundert unsere Fernsehnachrichten zu sehen bekäme, würde er sich unweigerlich mitten in der Apokalypse wähnen. Man braucht ja nur einmal versuchsweise die Nachrichten mit ein wenig Abstand zu sehen und zu beobachten, was sich da aneinanderreiht: Kämpfe in Jugoslawien, Drogenattentate in Kolumbien, Entdeckung von Massengräbern in Ruanda oder Kambodscha, blutige Unruhen in Zaire wie in Los Angeles und ethnische Auseinandersetzungen in allen Teilen der Welt. Ganz zu schweigen vom immer besorgniserregenderen Gesundheitsbulletin der Erde, in dem die gegenwärtigen und bevorstehenden Hungersnöte aufgelistet werden. Dazwischen dann die Hilferufe unterdrückter Völkerschaften, fundamentalistische Verlautbarungen und viel Wortgeklingel aus Politikermund. Die Gefahren nehmen zu, die Warnungen häufen sich, aber wir bleiben untätig.

Es wäre aber allzu billig, für diese Trägheit allein die Medien und insbesondere das Fernsehen verantwortlich zu machen, die mit ihren Schlagzeilen und ihren Bildern alles Schreckliche banalisieren. Es haben vielmehr wir die Fähigkeit verloren, uns zu entsetzen. Ich frage mich sogar, ob der Begriff »Fernsehzuschauer« nicht dazu verführt, Wirklichkeit und Fiktion durcheinanderzubringen. Alles wird zur Show, und die Abendnachrichten konsumiert man als dramatische Einlage, vergißt sie aber gleich wieder in den darauffolgenden Unterhaltungssendungen, die man gedankenlos als »dümmlich« bezeichnet, dabei aber selbst zu ihren hohen Einschaltquoten beiträgt. Wir ergötzen uns an lächerlichen Heldentaten (Wann rudert einmal einer in einer Salatschüssel über den Atlantik?) und verehren Götzen, über die in der Bibel steht: »sie sind nichtig und können weder nützen noch helfen«. In Abwandlung eines Nobelpreisträgerzitates läßt sich sagen, daß wir es heute mit einer Generation zu tun haben, die »von allem den richtigen Preis und von nichts den wahren Wert kennt«.

Wie sollen wir über so viel Blendwerk die Dringlichkeit der Situation einschätzen, wie die Alarmzeichen wahrnehmen, die dennoch schon da sind, und zwar vor unseren Augen? Denken wir an das, was Jesus Christus zu den Pharisäern sprach (Matthäus, 16, 2): »Am Abend sagt ihr: Schönes Wetter, denn der Himmel ist rot. Und am Morgen sagt ihr: Heute wird stürmisches Wetter, denn der Himmel ist rötlich und trüb. Das Aussehen des Himmels also wißt ihr zu unterscheiden, die Zeichen der Zeit aber nicht!«

Die Zeichen der Zeit ... Das Fernsehen trat ja ursprünglich mit dem Anspruch auf, uns ein Fenster zur Welt zu sein, doch fungiert es heute meist nur noch als eine Laterna magica, die uns seelenlose Oasen vorspiegelt. In einer fast unmerklichen Schraubenbewegung zieht es den Zuschauer hypnotisch in einen Zustand der Apathie hinab, während sich draußen das Schicksal der Menschheit entscheidet. Ich darf hier noch einmal an die bereits zitierte englische Grabinschrift aus dem 16. Jahrhundert erinnern: »Wenn die Bilder lebend aussehen und sich selbst bewegen, dann wird die halbe Welt im Blut versinken.« Ist etwa das Fernsehen — neben dem Radio — das berüchtigte Tier aus der Johannes-Apokalypse, das vor dem Ende unserer Zeit auf Erden herrschen und die Menschen unterdrücken wird?

In »Trajectoire« habe ich bereits geschildert, was ich für einen Schock erlebte, als ich in den sechziger Jahren zum ersten Mal nach New York kam. Mitten in der Stadt erblickte ich auf der Fassade eines Wolkenkratzers drei riesige Leuchtziffern. Es war dreimal die 6, also 666: der Kodename, der in der Apokalypse für das geheimnisumwobene »Tier« verwendet wird!

Wie angewurzelt blieb ich vor der Zahl stehen und konnte mir nicht erklären, was sie dort zu suchen hatte. Bis mir schließlich jemand erklärte, es handele sich dabei um die Wellenfrequenz des allerersten Rundfunkprogramms ...

Augenblicklich spürte ich, wie sich dieses Mosaikstück in meine Weltanschauung fügte. Es stand für mich außer Zweifel, daß die auf den Namen des Tieres getauften Ätherwellen dessen Propagandawerkzeug sein mußten. »Und es wurde ihm gegeben, dem Bild des Tieres Lebensgeist zu verleihen, so daß das Bild des Tieres sogar redete«, heißt es bei Johannes. Ein Bild, dem Lebensgeist innewohnt und das spricht: Was könnte das anderes sein als unsere Fernsehbilder und — im weiteren Sinne

– alle informatischen und elektronischen Kommunikations-
netze, über die wir heute verfügen?

Damit nur keine Mißverständnisse aufkommen: Ich behaupte
keineswegs, Fernsehen und Informatik seien Teufelswerk oder
ihre Moderatoren und Techniker Ausgeburten der Hölle. Ich
sage lediglich, daß auch die Wege des Teufels unerforschlich
sind und daß das Böse in unserer modernen Welt, mit der wir
nur ungenügend zurechtkommen, fantastische Ausbreitungs-
mittel vorgefunden hat. Anfänglich wiesen diese Erfindungen
gleich allen wissenschaftlichen Errungenschaften offensichtli-
che positive Aspekte, ja noble Zukunftschancen auf: Alles, was
dem Dialog und der Kommunikation förderlich ist, kann die
Menschen einander näher bringen, und so sollen die pädagogi-
schen, beruflichen oder einfach nur spielerischen Anwen-
dungsmöglichkeiten dieser Technologien auch ganz unbestrit-
ten bleiben. Nur hat man sich eben nicht genug vor dem Tier
in acht genommen, das im Schutz einer Maske wirkt und des
Menschen Schwächen und Fehlverhalten ausnützt. Das Tier
wollte sich das Menschengeschlecht untertan machen. Nicht
ohne Erfolg: Fernsehprogramme und Datenbanken ziehen
sich heute gleich riesigen Spinnennetzen über den ganzen Erd-
ball wie einst die von den Söhnen Belials manipulierten elektromagnetischen Strahlenbündel. Und keiner darf von sich behaupten, er könne ihnen entgehen. »Wer ist dem Tier gleich,
und wer vermag mit ihm zu kämpfen?« wird in der Johannes-
Apokalypse gefragt (13,4 und 7). »Es wurde ihm Macht gegeben über jeden Stamm und jedes Volk, jede Zunge und jede
Nation.«

Jetzt mag mich der eine oder andere altmodischer Schwarzse-
herei bezichtigen, doch bin ich bei weitem nicht der einzige,

der solche Ansichten vertritt. Daß das Fernsehen abstumpfende Wirkung hat und die Informatik zum allgegenwärtigen Kontrollorgan ausarten kann, ist schon oft genug von Intellektuellen, Schriftstellern, Wissenschaftlern und Geistlichen angeprangert worden. In Presse und Fernsehen werden zu diesem Thema sogar selbstkritische Debatten lanciert. Bisher jedoch sind alle Warnungen folgenlos geblieben.

Muß es einen aber nicht schaudern, wenn man sieht, was sich da abzeichnet? Wir wissen zum Beispiel, daß die persönlichen Daten eines jeden von uns mehrfach erfaßt sind. Und unsere Kreditkarte ist zu einem neuen Paß geworden, mit dem wir uns in der Welt bewegen. Was aber steht in der Johannes-Apokalypse? »Und das Tier brachte alle dazu, die Kleinen und Großen, die Reichen und Armen, die Freien und die Sklaven, sich ein Malzeichen zu machen auf ihrer rechten Hand oder auf ihrer Stirn. Niemand soll kaufen oder verkaufen können, der nicht das Malzeichen trägt, den Namen des Tieres oder die Zahl seines Namens.« Ob ich mit meiner Interpretation dieser Stelle zu weit gehe? Nun, angesichts der Zunahme von Kreditkartendiebstählen haben Großbanken kürzlich über die Möglichkeit nachgedacht, den Fingern ihrer Kunden Mikrochips einzupflanzen, mit denen dann jeder seine Einkäufe erledigen, aber auch sein Auto oder sein Haus aufschließen könnte. Die biologische Kreditkarte sozusagen.

Lange waren wir gutgläubig von der Objektivität der Medien überzeugt. Die Berichterstattung über die rumänische Revolution und den Golfkrieg hat uns allerdings eines Besseren belehrt. Wir werden durch einen riesigen Apparat manipuliert, der jederzeit der Irreführung und der Fanatisierung dienen kann. Welche Macht ist noch in der Lage, zur Macht der Medien ein Gegengewicht zu bilden? Im Alten Testament werden mehrfach diejenigen verdammt, »die dem Volk durch die Lüge Vertrauen einflößen«. »Hört nicht auf sie! Sie betrügen euch, sie erzählen die Anschauungen ihres Herzens, aber nichts, was aus dem Munde des Herrn kommt!«

Tritt aber das Tier nicht schon immer unverhüllter in Erscheinung? Überall sehen wir einen Zynismus am Werke, der nichts Philosophisches an sich hat, sondern im Dienste der Gewöhnlichkeit und der Gleichgültigkeit steht. Wer wollte noch behaupten, Fernsehen und Radio seien der ideale Ort für Gedankenaustausch und Meinungsvielfalt? Die oft genug der Wirklichkeit entfremdeten Diskussionsteilnehmer tun nur so, als debattierten sie, und sind sich im Grunde genommen darüber einig, daß alles so bleiben soll, wie es ist, damit keiner um seine Privilegien kommt.

Bin ich etwa wieder zu pessimistisch, wenn ich beklage, daß Kinder und Jugendliche heute keine Bücher mehr zur Hand nehmen, sondern lieber vor ihren Videospielen sitzen? Welche Eltern sind nicht manchmal entsetzt, wenn sie ihre Kinder wie hypnotisiert auf das teuflische Blinken dieser elektronischen Bilder starren sehen? Es hat sich mittlerweile herausgestellt, daß deren »Mißbrauch« gesundheitsschädlich ist und bisweilen zu epileptischen Anfällen führen kann!

Steuern wir auf eine lobotomierte Menschheit zu? Oder sind die Sorgen unbegründet, die ich empfinde, wenn ich Informatiker von der nächsten Etappe sprechen höre, von der »virtual reality« nämlich? Dabei werden die Zuschauer zu Mitspielern, wenn auch nur zu imaginären. Mit einem Ganzkörperanzug und einem Datenhandschuh können sie in dreidimensionale Bilder einsteigen, dort Gegenstände berühren und mit Partnern ihrer Wahl ein mehr oder minder vorprogrammiertes Erlebnis haben. Dem Bereich der Spiele und der totalen Illusion eröffnet dieses Verfahren ungeahnte Perspektiven. Ein jeder kann dann Tennis spielen, Peking besichtigen, seine Nachbarn niedermetzeln oder seine ausgefallensten erotischen Triebe ausleben ... ohne auch nur ein einziges Mal von seinem Sessel aufzustehen. Das ist nichts als logisch: Das Glück des einzelnen findet seine letzte Erfüllung in einsamer Lust. Diese aber geht auf Kosten der Mobilität und der Hellsichtigkeit. Konnte das Tier der Apokalypse sich ein besseres Kontrollorgan wünschen als diese Traummaschine? Die Menschen werden nur noch in ihren Phantasien leben. Triumph der Verdummung, absolutes Opium, Aufkommen des Robotermenschen.

So könnte die Herrschaft des Tieres sich allmählich verankern (wenn sie nicht ohnehin schon begonnen hat). Zumindest sind dies die Visionen und Befürchtungen, die die Zahl 666 in mir ausgelöst hat. Später kam dann noch ein Detail hinzu, durch das sich dieses Bild vervollständigte: Ich erfuhr nämlich, daß 666–666 die Nummer der Telefonleitung war, die Präsident Nixon mit Neil Armstrong verband, dem ersten Menschen auf dem Mond. Hier verquickt sich der Gedanke der Wellenfrequenz mit menschlicher Hoffart: Ist etwa der Mensch mit dem Betreten des Mondes in den gleichen Irrtum verfallen wie die Turmbauer zu Babel? Hat er alles darangesetzt, zu beweisen, daß er auf dem Blauen Planeten, der in seiner Obhut steht, nicht mehr angewiesen ist?

Das ist natürlich nur meine persönliche Vermutung, eine von vielen also. Seit jeher ist über die Zahl des Tieres viel spekuliert worden, mal hochgelehrt, mal denkbar abstrus. In der Gematrie, einem Zweig der Kabbala, der sich mit den Beziehungen zwischen der Mathematik und dem Alphabet beschäftigt, wird die Behauptung aufgestellt, daß sich hinter der Zahl 666 die Namen Nero oder Cäsar verbergen. Ich für mein Teil bin ganz allgemein der Ansicht, daß Symbolen nicht immer nur eine einzige, unumstößliche Bedeutung zukommt, und neige daher dazu, mehrere Schlußfolgerungen zuzulassen. Den Vorzug aber gebe ich gerne dem Unkomplizierten. Manchmal muß man in aller Geradlinigkeit an die Dinge herangehen, und daher wundert mich, daß man nicht einfach die offenkundigste aller Erklärungen gelten läßt, aus der sich ja auch alle anderen ableiten lassen. In der Genesis steht, daß am Anfang das *Wort* war: Gottes Wort hat die Welt entstehen lassen, es ist die Kraft des Lebens und der Liebe, die der Schöpfung anheimgegeben wurde. Am Ende der Zeit hingegen erscheint die *Zahl* (die zur 7 in Opposition stehende 6 ist das Unvollkommene, das Böse). Die Zahl 666 kündigt eine Herrschaft des Rechnens über die Sprache an. Genau dieser Wechsel vollzieht sich heute mit der Durchdringung der Gesellschaft durch die Informatik. Das bedeutet den Sieg der Robotervernunft über ästhetisches Denken, die Ablösung einer Gesellschaft mit menschlichem Antlitz durch eine kalte Maschinendiktatur.

Gibt es eine Möglichkeit, dieser verhängnisvollen Entwicklung Einhalt zu gebieten? Was können wir tun, außer wachsam zu sein, um vom Tag der Katastrophe nicht überrascht zu werden? Dazu jedenfalls fordert uns Lukas im Neuen Testament auf (21, 34–35): »Gebet acht, daß eure Herzen nicht belastet werden durch Rausch und Trunkenheit und irdische Sorgen, und daß euch jener Tag nicht unversehens überfalle wie eine

Schlinge; denn hereinbrechen wird er über alle, die auf dem Antlitz der ganzen Erde wohnen.«

Von vielen Menschen wird diese Bedrohung bereits vage empfunden. Sie löst bei ihnen ein Unbehagen aus, eine tiefsitzende, irrationale Angst, der weder mit der Allgemeinmedizin noch mit psychiatrischer Behandlung beizukommen ist. Und da man sich heutzutage auf keine innere Suche mehr begeben will, sondern auf sofortigem Glück besteht, koste es, was es wolle, da wendet man sich eben den »Hexenmeistern« zu. So erleben wir gegen das Ende des Zeitalters der Fische ein Paradoxon: An Gott will keiner mehr glauben – es sei denn die Fanatiker, auf die wir noch zurückkommen –, aber falsche Propheten haben massenhaft Zulauf. In der Hoffnung auf Wunder, die einzig und allein ihm selbst zugute kommen, rennt der Mensch zu Medizinmännern aller Art, von den sonderbarsten bis zu den gefährlichsten. Orientalische Pseudo-Weise, Vorstadtgurus, Kartenschläger, Hinterhof-Yogis, Jahrmarktshellseher, Urschreitherapeuten, Simsalabim-Telepathen usw. Man hat wirklich nur die Qual der Wahl. Diese Leute nützen mit mehr oder weniger Zynismus die innere Unruhe aus, die unserem – wie es bei einem modernen Philosophen heißt – »Zeitalter der Leere« zu eigen ist.

Nicht alle diese falschen Propheten führen von vornherein Böses im Schilde. Einige – wenn auch nicht gerade viele – sind ehrlich davon überzeugt, die seelische Not ihrer Zeitgenossen zu lindern. In den sechziger Jahren zog in Paris von Café zu Café ein gewisser Ange (»Engel«) Cyclamen und verkündete, er sei vom Herrn geschickt worden, um die Erde zu retten. Sein Mittel dazu sei die Zärtlichkeit. Bald, so sagte er, werde aus dem Pazifik ein neuer, herzförmiger Kontinent auftauchen.

Nicht wenige Möchtegern-Magier geben sich so der Lächerlichkeit preis, wie etwa auch die Anhänger der Kleinen Pyramide in San Francisco, die den ganzen Tag mit einem spitzen Hut herumlaufen, um damit Wellen aus dem All empfangen zu können. Oder die Zwiebelanbeter, die diese Pflanze als Symbol für die Unvergänglichkeit der menschlichen Seele verehren.

Am seltsamsten (und zugleich am beunruhigendsten) ist, daß all diese Scharlatane prächtig gedeihen, ja sogar Kongresse abhalten, auf denen man dann Vorträge über »Brokkoli und Streßbekämpfung« oder eine »kabbalistische Lektüre des Who's who« hören kann, bevor man einer Einführung in prophetische Iridologie oder in die Magnetisierung von Eiern in Aspik beiwohnt ... Bitte nicht lachen: ich habe so gut wie gar nicht übertrieben.

Das Lachen könnte einem manchmal ohnehin im Halse steckenbleiben. Die von der Leichtgläubigkeit ihrer Anhängerschaft vermutlich selbst überraschten falschen Propheten verwandeln sich in Tempelhändler. »Seine Propheten wahrsagen um Geld«, heißt es bei Michäas (3, 11) im Alten Testament. »Sie sind alle nur auf Gewinn aus«, steht bei Jeremias (6, 13). Von der Nichtigkeit irdischer Reichtümer überzeugen sie ihre Opfer nur deshalb, um sich diese Güter aneignen zu können. Im Matthäus-Evangelium (7, 15) warnt uns Christus vor »den falschen Propheten, die in Schafskleidern kommen; inwendig sind sie reißende Wölfe«. Wie viele Gurus gibt es nicht, die die Armut als Weg zur Weisheit preisen und dabei im Rolls-Royce zur nächsten Luxussuite kutschiert werden!

In ihrem Größenwahn lassen sie zum eigenen Ruhme kostspielige Kirchen und Statuen errichten. Berauscht von der Macht, die sie über fremde Seelen besitzen, beginnen sie über kurz oder lang, damit Mißbrauch zu treiben. Mit ihren wirtschaftlichen, geistigen oder affektiven Manipulationen treiben sie die Schwächsten bis in den Wahnsinn. Oder gar in den Tod ... Allen ist noch der »Tempel des Volkes« in Erinnerung, der im Dschungel von Guyana stand: Jim Jones, der Gründer dieser Sekte, zwang seine etwa tausend Anhänger zum kollektiven Selbstmord. »Ausgehungerte Wölfe kommen aus den Bergen herbei und fressen die Schafe, ja zerreißen sie gar mitten in den Ställen«, steht in der Prophezeiung von Prémol.

Es gibt heute Hunderte von Sekten in Frankreich und Tausende in den USA. Sie vollständig auflisten zu wollen, wäre ein Ding der Unmöglichkeit, da sich jeden Tag neue bilden. Daß sie sich so vermehren, ist ein klares Zeichen dafür, daß das Ende unserer Zeit naht: »Man wird falsche Götter in falschen Aschrams verehren, in denen man die Menschen im Namen angeblicher Religionen willkürlich zu Fastenzeiten, Wallfahrten, Bußen, Spenden und Sittenstrenge anhalten wird«, steht im »Wischnu-Purana«. All diese falschen Propheten ebnen ihrem künftigen Meister den Weg, der es mit der teuflischen Verführungskunst auf die Spitze treiben wird: der Antichrist. Wer ständig an geheime Mächte appelliert, dem antworten sie schließlich. Und glaubt man auch, sie sich gefügig machen zu können, so wird man doch schnell ihr Sklave. Denn man spielt nicht ungestraft mit Magie und Beschwörung ...

Darf man sich aber zum Ankläger über die aufspielen, die sich von diesem unheilvollen Sirenengesang betören lassen? In der Regel sind junge, orientierungslose Menschen für so etwas anfällig. Daß die Sekten wie Pilze aus dem Boden schießen, liegt wohl vor allem daran, daß sie eine Bedarfslücke füllen. Treten sie vielleicht einfach an die Stelle der institutionellen Kirche, die ihrer Aufgabe nicht mehr gerecht wird?

Ich behaupte, daß die Kirche tatsächlich versagt hat. Sie zeigt auf die gegenwärtige Krisensituation keine angemessene Reaktion. Was Wunder auch? Es ist ja schließlich die gleiche Kirche, die jahrhundertelang die Lehre der ersten Christen verfälscht hat. Und die sich mit ihren Konzilen und Enzykliken nach Kräften bemüht, die Liebesbotschaft Christi zu entstellen. Zu ihren schlimmsten Entgleisungen gehören die Schrecken der Inquisition und der zur Schau getragene Reichtum skrupelloser Prälaten.

Dieser allmähliche Niedergang war wohl unumgänglich. Nach dem kosmischen Gesetz, dem auch die Kirchen nicht entgehen, muß alles, was erschaffen worden ist, der Abnutzung anheimfallen. Als Religion des Zeitalters der Fische ist das Christentum heute ausgelaugt, seiner Substanz entleert, ein Auslaufmodell. Zu seiner Entlastung muß aber gesagt werden, daß es in den letzten Jahrhunderten auf eine harte Probe gestellt wurde: der Humanismus der Renaissance hat alles Göttliche herabgesetzt und dafür den Menschen erhöht, die Aufklärung hat das rationale Denken glorifiziert, und in unserer Zeit schließlich ist für den Triumph von Wissenschaftsgläubigkeit und Atheismus gesorgt worden. Wie der katholische Schriftsteller und Journalist André Frossard einmal betrübt feststellte, ist »das Christentum so sehr in Vergessenheit geraten, daß sein Schiffbruch nicht einmal mehr Wellen schlägt«.

Der Papst scheint entschlossen zu sein, mit seinem Schiff unterzugehen. Anstatt die beim Übergang von einem Zeitalter zum anderen erforderlichen Reformen in die Wege zu leiten und gegen die moralische Verwahrlosung zeitgemäße Argumente ins Feld zu führen, beharrt die Kirche auf überholten Positionen. Die in der Messe nunmehr übliche zaghafte Aufforderung, sich die Hand und damit ein Zeichen des Friedens zu geben, ist nicht ausreichend, um den Begriff der »christlichen Nächstenliebe« mit neuem Leben zu erfüllen. Die Gläubigen hätten ein Recht auf eine bewußtere Lektüre der Heiligen Schrift und auf eine von Machtfragen befreite Einstellung zu den Dogmen. Vermutlich haben sie sich in dieser Hinsicht viel vom »neuen« Katechismus versprochen, der jedoch kaum mehr als die Wiederholung veralteter Auffassungen enthält. Schlimmer noch: In den wenigen wirklich neuen Passagen werden ausdrücklich die Grundprinzipien der Urkirche verurteilt. So wird in bestimmten Fällen die Todesstrafe als legitim angesehen. Ist etwa dieses schändliche Zugeständnis an den barbarischen Zeitgeist das einzige Mittel, auf das man gekommen ist, um die verlorenen Schäfchen in den Schoß der Kirche zurückzuholen? Hat der Papst vergessen, daß eines der Zehn Gebote lautet: »Du sollst nicht töten.«? Auf ihn könnte nun die Warnung des Matthäus gemünzt sein: »Richtet nicht, damit ihr nicht gerichtet werdet.«

Ein weiteres Zeichen geistiger Erstarrung ist es, wenn der Katechismus zum Dogma erhebt, daß »jede Art von Weissagung abzulehnen« sei. Sosehr ich auch gegen Übertreibungen und Scharlatanerie bin, möchte ich doch zu bedenken geben, daß sogar Paulus im ersten Brief an die Thessalonicher (5, 20) schreibt: »Verachtet nicht prophetische Gaben! Prüfet alles! Das Gute behaltet!« Und schließlich ist mir die herrliche Stelle im zweiten Petrusbrief (1, 19) in Erinnerung, die in sich die ganze Hoffnung des Wassermannzeitalters birgt: »Und so besitzen wir um so sicherer das prophetische Wort, und ihr tut gut daran, daß ihr darauf achtet wie auf eine Leuchte, die aufstrahlt an dunkler Stätte, bis der Tag anbricht und der Morgenstern aufgeht in euren Herzen.«

Ich beziehe mich stets auf das Christentum, weil es im Zeitalter der Fische die dominierende Religion ist. Da ich – zumindest in meiner gegenwärtigen Reinkarnation – diesem Zeitalter angehöre, habe ich schon immer zutiefst christlich empfunden. Christlich aber im Sinne des Urchristentums, in dem Liebe gepredigt wird, nicht aber Ausrottung, Unterdrückung und Haß. Gleich dem Judaismus und dem Islam ist jedoch auch das Christentum am Vorabend der sich abzeichnenden tiefgreifenden Umwälzungen hier und da fundamentalistischen Strebungen ausgesetzt. Rom verurteilt dergleichen zwar, bemüht sich aber nicht, zur Reinheit der ersten Christen zurückzufinden. In der Johannes-Apokalypse steht eine ernste Mahnung: »Alle Gemeinden sollen erkennen, daß ich es bin, der Nieren und Herzen erforscht, und jedem von euch werde ich vergelten nach euren Werken.«

Im gleichen Buch heißt es über die Königin Jezabel, die ihren Gatten von der Anbetung des wahren Gottes abbrachte: »Ich habe ihr eine Frist gegeben zur Umkehr, doch sie will sich nicht bekehren von ihrer Unzucht.« Die heutige Jezabel, Rom nämlich, wird ihre Verblendung und ihren Starrsinn noch teuer zu bezahlen haben. Gleichfalls bei Johannes steht: »Wehe, wehe, du große Stadt (. . .). In einer einzigen Stunde kam dein Gericht.«

Diese Zerstörung steht unmittelbar bevor, wenn man der außerordentlichen Weissagung des heiligen Malachias Glauben schenken darf. Dieser Primas der irischen Kirche und Freund des heiligen Bernhard von Clairvaux lebte in der ersten Hälfte des 12. Jahrhunderts. In seiner Prophezeiung sagt er die 111 Päpste vorher, die von Cölestin II. im Jahre 1143 bis ans Ende unserer Zeit aufeinander folgen. Es handelt sich dabei um eine Liste mit 111 lateinischen Sprüchen, von denen jeder sich auf einen Papst bezieht. Bedarf es einiger beweiskräftiger Beispiele dafür, wie ahnungsvoll diese Sinnsprüche sind? Der 1758 gewählte Klemens XIII. wurde (im 12. Jahrhundert wohlgemerkt!) mit der Devise »Rosa Umbriae« bedacht. Bevor er aber Papst wurde, war er ein hoher Beamter in einer Stadt in Umbrien, deren Sinnbild eine Rose ist. Sein Nachfolger sollte ein »Ursus velox« sein, und es wurde Klemens XIV., der einer Familie entstammte, in deren Wappen ein laufender Bär abgebildet war. Dem von 1691 bis 1700 als Papst fungierenden Innozenz XII. wurde die Devise »Der Rechen an der Tür« beigelegt. Sein ursprünglicher Name aber war Rastello, was auf italienisch »Rechen« bedeutet ...

Nun zu den letzten Päpsten. Johannes XXIII. (1958–63), der nach dem heiligen Malachias ein »Pastor nautaque«, ein »Hirte und Schiffer«, sein sollte, war Patriarch von Venedig, der Stadt der Schiffer. Der Sinnspruch seines Nachfolgers Paul VI. war »Flos florum«, die »Blume der Blumen«, nämlich die Lilie: Das Wappen Pauls VI. setzte sich aus drei Lilien zusammen, und außerdem stammte er aus der Stadt Florenz, deren Sinnbild eine Lilie ist. »De medietate lunae« – »Halbmond« – bezog sich auf Johannes Paul I.: Dieser wurde zur Zeit des Halbmondes gewählt und starb einen Monat später. Sein Papsttum hat also nur von einem Halbmond zum nächsten gedauert.

Johannes Paul II. ist »De labore solis«, »Die Arbeit der Sonne«.

Wird sich die Bedeutung dieses Sinnspruchs erst später erschließen, nach seiner Amtszeit? Oder handelt es sich dabei um eine Anspielung auf seine unermüdliche Reisetätigkeit in einer Welt, in der die Sonne niemals untergeht? Tatsächlich reist Johannes Paul II. soviel von Kontinent zu Kontinent wie nie ein Papst zuvor, und jedesmal küßt er dabei den Boden, als wollte er wegen seiner Ohnmacht um Verzeihung bitten. Er soll nur ja auf sich achtgeben! Einige Vierzeiler des Nostradamus künden von der Ermordung des polnischen Papstes, und fast wäre es ja auch schon so weit gekommen.

Obendrein wäre Johannes Paul II. laut dem heiligen Malachias der 110. Papst von 111 beziehungsweise 112 angekündigten; wir werden noch darauf eingehen, was für eine Bewandtnis es mit dem »Zusatzpapst« hat, der in der Weissagung mit keinem Beinamen versehen wurde. Es würden jedenfalls vor der Apokalypse nur mehr ein oder zwei Päpste kommen. Wird damit das Christentum – in seiner heutigen Ausprägung – zu Ende gehen? In einer beunruhigenden Weissagung des heiligen Anselm werden wir gewarnt: »Wehe der Zeit, in der in den Mauern Roms der Buchstabe ›K‹ gerühmt wird!« Der ursprüngliche Vorname von Johannes Paul II. ist bekanntlich Karol!

Was wird danach geschehen? Der Nachfolger des jetzigen Papstes wird mit »De gloriae olivae« beschrieben, der »Ruhm des Ölbaums«. Manche sehen darin ein besonderes Erkennungszeichen. Der Ölbaum ist traditionell das Symbol des jüdischen Volkes. Der »Ruhm des Ölbaums« könnte bedeuten, daß in das höchste Amt der katholischen Kirche ein Jude berufen wird. Und tatsächlich gibt es ja heute in Frankreich einen Bischof, der früher jüdischen Glaubens war.

Ich glaube allerdings nicht, daß der »Ruhm des Ölbaums« der letzte Papst sein wird. Der heilige Malachias schreibt nämlich am Ende seiner langen Liste: »Während der letzten Verfolgung der heiligen römischen Kirche wird Petrus der Römer amtieren; er wird seine Schäfchen inmitten großer Mühsal weiden. Wenn diese Mühsal vorüber ist, wird die Stadt auf den sieben Hügeln *(Rom)* zerstört werden und der furchtbare Richter sein Volk richten.«

Müssen wir dem entnehmen, daß es wieder zu Christenverfolgungen kommen wird? Das ist gut möglich. Sicher aber ist, daß diese Religion dahinstirbt, weil ihre Wesensart entstellt wurde. Die Kathedralen werden von Touristenhorden entweiht, und die Jugendlichen interessieren sich nicht mehr für Gott oder wenden sich Sekten zu, bei denen Christus nur noch als exotische oder weltliche Figur vorkommt. »Wenn ich wieder auf Erden komme«, sagt dieser Christus sinngemäß im Neuen Testament, »wird dann noch jemand da sein, der an mich glaubt?« Und beim heiligen Paulus steht folgende Warnung: »Bevor der Tag des großen Strafgerichts heranbricht, muß die Apostasie kommen.« Für den letzten Akt ist also nunmehr alles bereit.

»Die Kirche wird in eine furchtbare Krise geraten. Der heilige Gottesglaube wird vergessen sein, und jeder einzelne wird seine Geschicke selbst lenken und über seinen Mitmenschen stehen wollen.« Diese Weissagung, die den in unserer Gesellschaft waltenden Unglauben und den hochmütigen Egoismus der Menschen zusammenfaßt, stammt aus der Botschaft, die die Jungfrau Maria 1846 in der Nähe des französischen Alpenortes La Salette zwei jungen Hirten zuteil werden ließ. Es ist noch zu anderen Marienerscheinungen gekommen, so etwa

1946 in Amsterdam: »Die Religion wird einen harten Kampf zu bestehen haben. Man will sie zugrunde richten, und dies wird auf so ausgeklügelte Weise geschehen, daß fast niemand es merken wird.«

Zu allen Zeiten hat Maria sich den Menschen offenbart, und am häufigsten Kindern, weil deren Herzen noch rein sind. Nie zuvor aber kam es so häufig zu Marienerscheinungen wie seit Anfang des 19. Jahrhunderts. Wer einzig dem Rationalismus verhaftet ist, versucht diese »Phänomene« als Ausdruck spontaner Volksgläubigkeit zu deuten. Sind sie aber nicht vielmehr ein Zeichen dafür, wie beunruhigt die Jungfrau Maria über den im ausgehenden Kali-Yuga um sich greifenden Atheismus ist? Sind sie nicht ein zusätzlicher Vorbote der bedrohlich näherrückenden Leiden? Es sieht so aus, als machte die Jungfrau Maria einen letzten Versuch, uns zu warnen, uns auf den Pfad Gottes zurückzubringen, falls es dazu nicht schon zu spät ist. Die Muttergottes ist voller Mitleid mit uns und bemüht sich, uns zu zeigen, welch katastrophalen Weg wir eingeschlagen haben.

In den letzten beiden Jahrhunderten sind weltweit mehrere hundert Marienerscheinungen gezählt worden. Viele davon haben sich in Frankreich und Italien abgespielt, und manche sind von der Kirche offiziell anerkannt worden. In der Pariser Rue du Bac verkündete Maria 1830 einer jungen Nonne: »Die ganze Welt wird von Unheil aller Art erschüttert werden.« Die gleiche Warnung wird 1858 in Lourdes ausgesprochen, 1917 in Fatima. Aber auch im belgischen Banneux (1933), in Beauraing usw.

Überall lautet die Botschaft gleich. Die Jungfrau Maria tadelt die Fahrlässigkeit der Menschen, ihre Eitelkeit, das Fehlen aller

Geistigkeit. »Die Anführer des Gottesvolkes haben Gebet und Buße vernachlässigt, und der Dämon hat ihren Geist verdunkelt«, sagt die Muttergottes in La Salette. »Die Bischöfe sollen endlich etwas tun! Sie sollen ihren Priestern anordnen, sich der Jugend zuzuwenden und sie vor dem modernen Heidentum zu bewahren«, verkündet sie in Amsterdam. »Diese materialistische Welt geht ihrem Untergang entgegen.«

Die Marienerscheinungen sind eine letzte Ermahnung, ein Flehen voll liebendem Erbarmen, doch können sie gelegentlich auch wie eine fürchterliche Drohung klingen: »Wenn mein Volk sich nicht fügen will, bin ich gezwungen, den Arm meines Sohnes walten zu lassen.«

In allen Weissagungen werden wir immer und immer wieder gewarnt. Werden wir bis zum Ende blind und taub bleiben? Wenn der bewußte Tag einmal kommt, dann werden wir keine mildernden Umstände haben. »Dann ist es aus mit dem Gelage der Weichlinge«, ruft der Prophet Amos.

SECHSTES KAPITEL

DIE POSAUNEN DER APOKALYPSE

Gott ist mein Zeuge, daß ich beim Verfassen der folgenden Zeilen gelitten und mich gegrämt habe. Durfte ich sie überhaupt niederschreiben? Nicht, daß irgend etwas Erfundenes daran wäre. Es liegt hier lediglich das Ergebnis jahrzehntelanger Lektüre und Meditation im Geiste uralten Wissens vor, und darin haben sich die Ereignisse bestätigt, die mir auf der Siebten Vibrationsebene enthüllt worden und Anlaß zu meiner Rückkehr auf die Erde gewesen sind. Zwar durchfuhr mich ein Schauer göttlichen Schreckens und ließ mich einen Augenblick lang zweifeln, ob es wirklich angebracht sei, das Folgende zu offenbaren, doch als ich dann an meinem Tisch saß, schritten die vierundzwanzig Greise heran, deuteten fordernd auf das Blatt Papier und befahlen: »Schreib!«

Ich tat, wie mir geheißen. Doch war es grauenhaft. Daher möchte ich an allzu sensible Leser die Bitte richten: Wenn Sie nicht die Kraft besitzen, die Augen zu öffnen und zu sehen, dann überblättern Sie schnell die nächsten Seiten, denn sie sind für die starken Seelen bestimmt, denen dann um so klarer sein wird, warum es vermehrt um Milde zu beten gilt.

Vorhang auf zum letzten Akt, der da heißt: das Ende unserer Zeit.

Unwillkürlich kommt einem dabei die Frage in den Sinn, die in der 129. Sure des Koran formuliert wird: »Sie werden dich befragen: Wann aber kommt diese unheilvolle Stunde?« In dem islamischen Text wird der Prophet zur Vorsicht gemahnt. Schließlich ist es nicht seine Aufgabe, den Zeitpunkt des Weltuntergangs vorherzusagen. »Wie sollst du ihn wissen? Nur dem Herrn ist er bekannt. Du sollst lediglich die warnen, die ihn fürchten.«

Tatsächlich wäre es reichlich kühn oder gar anmaßend, wollte man für unser Endschicksal einen genauen Termin festlegen. Auch Matthäus rät uns im Neuen Testament von jeder Prognose ab: »Jenen Tag aber und jene Stunde weiß niemand, auch nicht die Engel des Himmels, auch nicht der Sohn, nur der Vater allein.«

Merken wir uns das eine: Niemand soll oder kann die Stunde vorhersagen, zu der einmal die letzte Posaune der Apokalypse ertönen wird. Mit Blick auf die Gesamtheit der Weissagungen und die Geschichte der Menschheit darf allerdings die Behauptung gewagt werden, daß alles, was auf die bevorstehende Apokalypse schließen läßt, bereits eingetroffen ist. Ja, unsere Zivilisation hat Glauben und Tradition den Rücken gekehrt. Ja, wir haben uns falschen Lehren zugewandt. Ja, wir sind den Weg des geringsten Widerstands gegangen und haben mehr auf Gewalt gesetzt als auf Rücksichtnahme. Ja, wir haben die

Erde zerstört … »Erzittert«, sprach die Jungfrau Maria in La Salette, »ihr, die ihr nach außen hin Jesus Christus dient und euch dabei insgeheim nur selbst anbetet, erzittert, denn Gott wird euch seinem Feind ausliefern.«

Entsprechen nicht die letzten Jahrzehnte dem Beginn der Schmerzen — »initia dolorum« —, von dem in vielen Prophezeiungen die Rede ist? Sind in unserem Jahrhundert, das nicht grundlos als das gewalttätigste der ganzen Geschichte bezeichnet wird, nicht schon alle Abscheulichkeiten begangen worden, deren der Mensch nur fähig ist? Der Zeitpunkt ist gekommen, an dem uns für unsere Irrtümer und unsere zahllosen Verbrechen die Rechnung präsentiert wird. Das von der Menschheit angehäufte Karma lastet schwerer denn je auf der Erde, die das Joch der Geißel Mensch nicht länger ertragen kann.

Auf den folgenden Seiten wird unser weiteres Schicksal in reichlich düsteren Farben gezeichnet. Vielleicht trifft auf mich die scherzhafte Bemerkung des Biologen und Schriftstellers Jean Rostand zu, der sich einmal als »sehr optimistisch in bezug auf die Zukunft des Pessimismus« bezeichnete. Ich halte mich jedoch eher für hellsichtig als für pessimistisch. Durch all die Finsternis, die mich umgibt, nehme ich nämlich ein kleines Lichtlein wahr, das ich nie aus den Augen lasse. Und ich weiß, daß wir bei all dem kommenden Unheil diesen Leitstern gut werden brauchen können.

Natürlich handelt es sich hier nur um ein wahrscheinliches Szenario — das leider in den meisten Weissagungen seine Bestätigung findet. Und wie wir bereits feststellen konnten, haben sich diese Prophezeiungen im Laufe der Jahrhunderte als erschreckend zuverlässig erwiesen. Welche Verblendung kann uns noch davon abhalten, ihnen Glauben zu schenken? In meinem Fall ist eine solche Vogel-Strauß-Politik um so weniger möglich, als sich die Weissagungen mit meinen persönlichen Visionen decken, deren Deutlichkeit ich aus meiner Erinnerung nicht verbannen kann. Es ist sogar so, daß diese Visionen mir Tag für Tag mehr zusetzen, als sollte damit ihre baldige Verwirklichung angezeigt werden.

Wir können also nicht wissen, wann genau der Arm des Herrn herniedergehen wird, doch denken wir an den Satz im Koran, der auf die gemünzt ist, die sich fragen, wann das Ende der Zeit kommt: »An dem Tag, an dem sie es sehen werden, wird ihnen sein, als hätten sie auf Erden nur einen Abend oder einen Vormittag verbracht.«

Im französischen Theater ertönen drei Stockschläge, bevor der Vorhang hochgeht. Auch die Tragödie der Apokalypse wird solchermaßen eingeleitet. Die Stockschläge scheinen in diesem Fall ungeheure geschichtliche Ereignisse zu sein. Zwei davon sind schon eingetreten: der Erste Weltkrieg 1914–18 und der Zweite Weltkrieg 1939–45. Vorhergesagt wurden aber drei. Daß auch der dritte ausbrechen wird, ist – vorsichtig gesagt – sehr wahrscheinlich. Vielleicht hat er ja auch schon begonnen ...

In einem Stift in Sachsen lebte im 10. Jahrhundert die Kanonisse Hrotsvit von Gandersheim, die dafür bekannt war, daß sie manchmal in Trance verfiel und dann Visionen hatte. In ihrer »Tuba secolorum« (»Das Signalhorn der Jahrhunderte«) betitelten Schrift ist von den Kriegsparteien eines großen Konflikts die Rede: »Die Völker werden unter deine Fuchtel geraten, Deutschland, und deine Macht wird so groß sein, daß die ganze Welt sich gegen dich verbünden wird.« Schwester Hrotsvit gab dafür auch einen Zeitpunkt an: »Wenn der 255. Papst sterben wird.« Der 255. Papst seit den Anfängen ist aber kein anderer als Pius X., der 1914 gestorben ist!

Die aus dem 17. Jahrhundert stammende Prophezeiung des unbekannten Mönches, aus der wir bereits zitiert haben, hielt das 20. Jahrhundert für »das seltsamste aller Jahrhunderte, denn die Menschen werden an sich selbst und der Welt verrückt werden und sich gegenseitig umbringen.« Nach einem ersten Krieg, in dem »Kanonenkugeln vom Himmel fallen werden«, sieht der unbekannte Mönch einen »zweiten Krieg, in dem fast die ganze Schöpfung durcheinandergebracht wird. Große Vermögenswerte werden zerstört und viele Tränen vergossen werden; die Menschen werden ohne Seele und ohne Erbarmen sein.«

Selbstverständlich wurden diese Warnungen erst im nachhinein ernst genommen! Heute droht uns nun ein dritter Weltkrieg. Und durch einen Zufall, der natürlich nicht wirklich einer ist, erklingt der dritte Stockschlag an der gleichen Stelle wie der erste. 1914 entbrannte der Krieg nach der Ermordung Erzherzog Franz Ferdinands durch einen serbischen Studenten in Sarajewo. Heute ist Sarajewo wieder im Brennpunkt des Interesses. Wird das Pulverfaß Balkan, das mit seinem Mosaik aus Nationalitäten und Religionen so instabil ist, wieder zum Herd eines weltweiten Konflikts?

Das jedenfalls sagt unmißverständlich Nostradamus voraus, und zwar im 82. Vierzeiler der IV. Centurie: »Aus Slawonien erscheinen Horden…« Slawonien ist eine Region im Norden von Ex-Jugoslawien. Im gleichen Vierzeiler heißt es auch noch: »Und die Flamme frißt sich nimmer satt.« Beobachter befürchten heute eine Ausdehnung des Jugoslawien-Konflikts. Würde eine internationale Intervention das Übel mit der Wurzel ausreißen oder aber der Funke im Pulverfaß sein? Das ist schwer zu entscheiden. Einstweilen läßt man alle Verbrechen geschehen, und das Feuer breitet sich aus: Werden wir es noch rechtzeitig löschen können?

Soll etwa auch ein Zufall sein, daß eine der letzten Marienerscheinungen ausgerechnet in der Ortschaft Mejdugorje, also nur ein paar Dutzend Kilometer von Sarajewo entfernt, zu beobachten war? Die Erscheinungen begannen im Juni 1981 auf einem Hügel und setzten sich dann in der Dorfkirche fort. Mehrere in Ekstase befindliche Menschen sahen deutlich die Gestalt der Muttergottes. Auffällig ist, daß das Gewand der Jungfrau Maria sich im Lauf der Zeit verändert hat. Früher trug sie ein strahlend weißes Kleid oder einen blauen, mit goldenen Pailletten besetzten Umhang. Nun ist sie nur mehr in eine schwarze Kutte gekleidet, als wollte sie uns zu Sittenstrenge und Buße aufrufen; und sie weint . . . In Mejdugorje gab die Jungfrau Maria Geheimnisse über das künftige Geschehen preis. »Ich bin als Friedenskönigin zu euch gekommen, um der Welt zu sagen, daß ihr Heil auf dem Spiel steht.« Die Ortschaft entwickelte sich bald zur Wallfahrtsstätte, und die Gläubigen strömten zu Tausenden herbei. Dennoch wurden die Erscheinungen 1985 in einer bischöflichen Stellungnahme nicht anerkannt. Vermutlich befürchtete die Amtskirche, sonst einen Autoritätsverlust hinnehmen zu müssen.

Wieder einmal ist die Stimme des Friedens geknebelt worden. Wir scheinen tatsächlich auf nichts hören zu wollen! Man weiß auch, daß das dritte und letzte Geheimnis von Fatima noch immer nicht bekanntgegeben wurde, wenn auch stark vermutet wird, daß es sich dabei um die Verkündung des dritten Weltkriegs handelt. Die Päpste, die als einzige Kenntnis von der Botschaft haben, weigerten sich bisher alle, deren genauen Inhalt zu offenbaren. In gewisser Weise ist es durchaus verständlich, daß sie keine Panik auslösen wollen, aber sollte die Menschheit nicht dennoch gewarnt werden?

Überall werden militärische Vorbereitungen getroffen. »Furchtbares Waffengeklirr!« ruft der heilige Cäsarius von Arles. Und die Prophezeiung von Prémol kündet zuerst von zahlreichen Pogromen und Massenfluchten (die des Zweiten Weltkriegs?) und klagt dann: »Ist solch Gemetzel nicht genug, o Herr, um Euren Zorn zu besänftigen? Ach nein. Welch Waffenlärm von überall her, welch Schlachtenruf und Schreckensgeschrei!«

Dabei war doch 1989 nach der Öffnung des Eisernen Vorhangs ungeheure Hoffnung aufgekommen. Da die beiden Supermächte ihre Rivalität beendet hatten, schien die Gefahr einer weltweiten Auseinandersetzung endgültig gebannt. Es wurde das Entstehen einer »Neuen Weltordnung« gefeiert, die unserem Dasein Sicherheit verleihen sollte. Warum haben wir damals nicht die Botschaft gelesen, die die heilige Jungfrau uns in La Salette zukommen ließ? Vor dem eigentlichen Kriegsausbruch, heißt es dort, »wird über die Welt ein falscher Friede kommen, und ein jeder wird nur an sein Vergnügen denken«. Wir haben alle an diesen falschen Frieden geglaubt, haben alle den Fall der Berliner Mauer begrüßt. Aber schon bald trat die Ernüchterung ein, denn die »Pax americana« läutete eine höchst gefährliche Ära ein, wie wir am Golfkrieg sehen konnten, den schon Nostradamus vorhergesagt hatte: »Gegenüber, wo das Klima liegt Babylon's, wird großes Blutbad sein, Land und Meer und Himmel selbst erschrickt.«

Mit Entsetzen stellen wir fest, daß viele kleinere Mächte die Mittel haben, eine Katastrophe auszulösen. Wissen wir, wie viele davon über Kernwaffen verfügen? Seit der Status quo des Kalten Krieges vorbei ist, bewegen wir uns in einer Zone schwerer Erschütterungen und nationalistischer Bestrebungen. Mit außerordentlicher Hellsichtigkeit hatte Nostradamus im 57. Vierzeiler der II. Centurie diesen geschichtsträchtigen Moment angekündigt: »Vor dem Kampfe stürzt die große Mauer ...«

Charakteristisch für den Balkan ist, daß er der Schnittpunkt – und oft genug auch die Reibfläche – zweier Kulturen ist, nämlich der nordisch-slawischen und der arabischen. Sie waren lange Todfeinde, sind sich aber im Laufe dieses Jahrhunderts nähergekommen. In den letzten Jahrzehnten etwa haben die arabischen Länder in ihrem Konflikt mit Israel logistische Unterstützung von seiten der Russen erhalten.

Diese Gegend, nämlich der Nahe und Mittlere Osten, ist meiner Auffassung nach – neben Serbien – der zweite Herd des nächsten Krieges. Als erstes wird, wie wir gesehen haben, die Stadt Jerusalem betroffen sein. Jesus Christus selbst hat im Lukas-Evangelium (21, 24) darauf hingewiesen: »Jerusalem aber wird von den Heidenvölkern zertreten werden, bis erfüllt sind die Zeiten der Heiden.« Auch in der Weissagung von Prémol wird der Hauptstadt Israels eine unheilvolle Zukunft prophezeit: »Mit einem Donnerschlag taten sich die Wolken auf, und ich sah Jerusalem unter furchtbarem Sturm, und seine Mauern waren unter den Rammstößen gefallen, und Blut rann auf seinen Straßen, denn der Feind hatte sich der Stadt bemächtigt.« Mit dieser Besetzung werden »die Greuel der Verzweiflung« beginnen.

Die Araber und die Völker der ehemaligen Sowjetunion werden ein Militärbündnis eingehen, zu dem sich die einen aus religiösem Fanatismus durchringen werden und die anderen aus ihrer Misere und aus kommunistischen Anwandlungen heraus. Der Kommunismus ist zwar totgesagt, wartet aber nur darauf, auf dem Nährboden gesellschaftlichen und wirtschaftlichen Zerfalls wieder aufzuerstehen. »Gleichen Lauf Arabien, Ungarn macht«, heißt es bei Nostradamus im 63. Vierzeiler der X. Centurie. Im 73. Vierzeiler der V. Centurie sagt der Seher voraus, daß die Kirche und christliche Bevölkerungsgruppen verfolgt werden, wenn die »Araber mit Polen einen Bund« schließen.

»Aus der Heimat Morgenländer scheiden«, warnt Nostradamus uns im 29. Vierzeiler der II. Centurie. Mit den Morgenländern sind sowohl die Völker des Ostens als auch die Orientalen gemeint.

»Sieh und höre«, sprach die Jungfrau Maria in Amsterdam, »das Morgenland gegen das Abendland. Europa, sei auf der Hut!«

Johanna Southcott, die Tochter eines englischen Adeligen aus Devonshire, die sich zuweilen als Zauberin betätigte, hatte 1972 eine blitzartige Offenbarung über das Ende unserer Zeit: »Wenn der Ostkrieg kommt, dann wisset, daß das Ende verhängnisvoll sein wird.«

Zwei Armeen, eine aus Osten und Norden und eine aus dem Süden und dem Orient, werden sich vereinigen und auf Europa zumarschieren. Im Alten Testament beschreibt der Prophet Ezechiel (Kapitel 38) den Einfall der feindlichen Truppen, die er Gog und Magog nennt, und erinnert daran, daß sie Gottes bewaffneter Arm sein werden.

Siehe, ich will gegen dich vorgehen, Gog im Lande Magog, Großfürst von Meschech und Tubal! Ich locke dich heran und lege in deine Kinnbacken Haken; ich lasse dich und deinen ganzen Heerbann ausrücken, Streitrosse und Wagenkämpfer, alle voll ausgerüstet, ein gewaltiges Aufgebot mit langen und kurzen Schilden, lauter erfahrene Schwertkämpfer. Paras, Kusch und Put sind bei ihnen. Sie alle tragen Schild und Helm. Gomer und all seine Heerscharen, Bet, Togarma vom äußersten Norden und all seine Heerscharen, zahlreiche Völker ziehen mit dir. Halte dich in Bereitschaft und rüste dich, du und dein gesamtes Aufgebot, das sich bei dir einfand; du sollst Dienste für mich leisten!

Nach langer Zeit wirst du aufgeboten, am Ende der Jahre wirst du über ein Land hereinbrechen, das, dem Schwert entronnen, zurückgekehrt ist und aus vielen Völkern gesammelt ward in das Bergland Israel, das gar lange verwüstet lag. Nun ist es aus den Völkern herausgeführt, und alle Leute wohnen in Sicherheit. Dann wirst du heraufziehen, wie ein Unwetter wirst du hereinbrechen; wie ein Gewölk, welches das Land bedeckt, wirst du sein, du, alle deine Heerscharen und zahlreiche Völker mit dir.

Ist mit den vom Krieg befreiten und in einem multinationalen Rahmen vereinten Ländern nicht Europa gemeint? Oder vielleicht die Vereinten Nationen?

Die Apokalypse des heiligen Johannes ist das letzte Buch des Neuen Testaments. Sie beschäftigt sich mit dem endgültigen Schicksal des Menschen und liefert uns eine eindringliche Beschreibung der Angreifer, von denen in der Bibel auch an anderer Stelle die Rede ist. Auf der Insel Patmos wird der heilige Johannes in den Himmel emporgehoben und sieht von dort die überwältigenden und tragischen Szenen vom Ende unserer

Zeit. Dem Propheten wird das Buch der göttlichen Vorhaben offenbart, dessen sieben Siegel er nacheinander öffnet. Beim Öffnen des siebten Siegels sieht er die Strafe Gottes, die die Menschen treffen wird. Vor jeder der sieben Etappen des Strafgerichts erklingt der Schall einer Posaune. Als die fünfte Posaune erklingt, tauchen aus dem Rauch »Heuschrecken« auf. Es sind aber symbolische Heuschrecken, die unwillkürlich an unsere Flugzeuge und die anderen Gerätschaften moderner Kriegführung erinnern! »Das Aussehen der Heuschrecken glich Rossen, die für den Kampf gerüstet sind; auf ihren Köpfen trugen sie eine Art golden schimmernder Kränze, und ihre Gesichter glichen Menschengesichtern (. .). Sie hatten Brustkörbe wie eiserne Panzer, und das Rauschen ihrer Flügel war wie das Rasseln vieler Pferdegespanne, die in den Kampf stürmen. Sie haben Schwänze wie Skorpione und Stacheln.«

Bei der sechsten Posaune erscheinen Reiterscharen, um »den dritten Teil der Menschen zu töten (. . .). Die Zahl der Streitmassen des Reiterheeres war zwanzigtausend mal zehntausend (. . .). Sie hatten Panzer, feurigrot, rauchblau und schwefelfarbig; die Köpfe der Rosse waren wie Löwenköpfe, und aus ihren Mäulern kommt Feuer und Rauch und Schwefel. Von diesen drei Plagen wurde der dritte Teil der Menschen getötet, vom Feuer und Rauch und Schwefel, die aus ihren Mäulern kamen.«

Dieses unübersehbare, hervorragend ausgerüstete Heer wird um so unbesiegbarer sein, als es an mehreren Fronten zugleich operieren wird. Während die Russen über Deutschland und ganz Nordeuropa hinwegfegen, werden die Moslems vom Mittelmeer aus mehrere Offensiven starten. »Perser gegen

Macedonien geh'n«, steht bei Nostradamus (II. Centurie, 96. Vierzeiler). Bis wohin werden sie aber kommen? »Von der Donau trinkt und aus dem Rhein groß Kamel«, heißt es im 68. Vierzeiler der V. Centurie. Dieses Kamel symbolisiert die arabische Armee, die sich demnach an den großen europäischen Strömen mit den slawischen Truppen vereinigen dürfte. Weiter westlich werden die Muslime auf den Spuren der Mauren wandeln, die dort einst ihre Eroberungsfeldzüge führten. Laut dem 55. Vierzeiler der V. Centurie wird Spanien besetzt werden:

Ein Bekenner Mahomets wird dringen
Aus dem glücklichen Arabien,
Spanien schrecken und Granada zwingen,
Weher tun zur See Ligurien.

Die Iberische Halbinsel wird also islamischem Gesetz unterworfen. Jeder Widerstand dagegen wird gebrochen: »In Granada, fern von Ebro's Strand, tritt das Kreuz der Halbmond mit dem Fuße«, steht im 20. Vierzeiler der III. Centurie. Italien wird das gleiche Schicksal widerfahren (I, 9):

Aus dem Osten kommt die Pun'sche Rotte,
Adria gilts und Romuls Erben schwer,
Ist begleitet von der lyb'schen Flotte,
Tempel Malt' und Nachbarinseln leer.

Hier bedarf es keiner großen Interpretationskünste: Mit der Pun'schen Rotte sind die Karthager gemeint, also die Nordafrikaner, die aus Unzufriedenheit über die Lage in Jugoslawien und über die Haltung der Päpste, der »Erben« Roms, ihre Flotte zum Sturm auf Italien schicken. Die Mittelmeerinseln würden durch den Krieg leergefegt werden.

Das Hauptziel aber ist der Heilige Stuhl. Diesem sagt Joachim von Fiore, ein Dichter, Gelehrter und Philosoph aus dem 12. Jahrhundert, eine schwere Strafe voraus: »Das um jede christliche Zucht gebrachte Rom ist der Ursprung aller Schändlichkeiten der Christenheit; so wird über Rom auch als erstes das Strafgericht Gottes kommen.«

Vatiguerro prophezeite, daß der Heilige Vater einmal in aller Eile aus dem Vatikan werde fliehen müssen und zusammen mit seinen Vertrauten schon von Glück reden könne, wenn »sie einen Zufluchtsort finden, an dem sie ihr Schmerzensbrot in diesem Jammertal essen dürfen«.

Das deckt sich mit der prophetischen Vision, die Papst Pius X. 1914 auf seinem Sterbebett hatte: »Ich sah einen meiner Nachfolger auf der Flucht über die Leichen seiner Brüder steigen. Er zog sich inkognito irgendwohin zurück und starb nach kurzer Zeit eines grausamen Todes.«

Diese plötzliche Flucht des Heiligen Vaters und sein gewaltsames Ende sind eine Konstante in allen Weissagungen. Und selbstverständlich ist dieser Papst kein anderer als Petrus der Römer, der in der Prophezeiung des heiligen Malachias der Christenheit während dieser »letzten Verfolgung« als 112. Papst vorsteht.

Wenn in Rom kein Stein mehr auf dem anderen steht, werden die Muslime weiterziehen. »Über'n Apennin nach Gallien ziehen, Wolken, Wasserfluten, Schnee durchschneiden, alles wird vor ihren Streichen flieh'n«, schreibt Nostradamus (II, 29).

Das innerlich zerstrittene und schlecht vorbereitete Frankreich wird außerstande sein, sich dieses Angreifers zu erwehren. Das geht aus dem folgenden berühmten Vierzeiler hervor:

Bürgerzwiste werden Mahometen
Eine Pforte Galliens erschließen,
Genueser Land und Meer sich röten,
Phokäs Port von Schiffen überfließen

Phokäs Port ist der Hafen des von gegnerischen Schiffen besetzten Marseille. Aufgrund seiner geographischen Lage ist Frankreich zu dem Land prädestiniert, in dem alle feindlichen Heere zusammentreffen. Die Invasoren werden über die Pyrenäen kommen, vom Meere her, aus Italien, dem Balkan und aus Deutschland.

Frankreich angefallen von fünf Seiten,
Perser wiegeln Tunis, Algier auf:
Leòn, Sevill', Barcelona leiden,
Und Venedig's Flotte bleibet aus.

Die Iraker (Perser) werden die anderen arabischen Nationen wie Tunesien und Algerien dazu bringen, sich zu erheben. Die großen spanischen und französischen Städte werden fallen. Von dem ebenfalls unterjochten Italien her können sie keine Unterstützung erwarten.

Auch Paris kann sich nicht lange halten. Seine Zerstörung wird überall vorhergesagt. Vatiguerro sieht »die Einnahme, Beraubung und Verwüstung der Hauptstadt und Herrin des ganzen Reiches der Franzosen«. »Paris wird ein wahres Gemetzel sein«, heißt es bei einer anonymen Nonne, deren 1882 veröffentlichtes Bändchen mit Weissagungen ihr den Beinamen »die Verzückte von Tours« eintrug. Die Stadt wird mit Feuer und Schwert vernichtet; Straße um Straße, Haus um Haus werden umkämpft werden. Die Beneidenswerteren werden in einem Keller Zuflucht finden, im Kanalisationssystem oder den zahllosen unterirdischen Grotten und Steinbrüchen von Paris. Das wahre Strafgericht wird noch ein wenig auf sich warten lassen. Nach langem Hin und Her wird das von Unruhen erschütterte Amerika dennoch eingreifen, um von Europa zu retten, was noch zu retten ist. Dann wird der Krieg wahrhaft ein Weltkrieg sein. Überall wird gekämpft werden: »Das Unheil wird von Norden bis Süden sein, von Süden bis Westen und von Westen bis Osten«, sprach die Jungfrau Maria in Amsterdam.

Kein Volk wird diesem Höllenwirbel entgehen können. Jeanne le Royer, eine im 18. Jahrhundert lebende Nonne, hatte verkündet, der Ankunft des Antichrists würden blutige Kriege vorausgehen: »Völker werden sich gegen Völker erheben, Nationen gegen Nationen, mal gespalten, mal im Kampfe vereint, für oder gegen die gleiche Kriegspartei.«

In diesem Stadium des Krieges wird es zu jähen Bündniswechseln kommen. Die Auseinandersetzung wird nicht nur zwischen Nationen, sondern auch zwischen Rassen, Städten und Clans stattfinden. Dieses Abgleiten ins Chaos wird in allen Prophezeiungen vorhergesagt. So heißt es in der Weissagung von Prémol: »Die Menschen und Völker haben sich gegeneinander erhoben. Kriege, Kriege! Bürgerkriege und Kriege gegen äußeren Feind! Welch furchtbares Aufeinanderschlagen! Alles ist Trauer und Tod ...«

Auch die Jungfrau Maria entsetzte sich in La Salette über diese

Bruderkriege: »Frankreich, Italien, Spanien und England werden im Krieg stehen. Auf den Straßen wird Blut fließen. Der Franzose wird gegen den Franzosen kämpfen, der Italiener gegen den Italiener; danach wird es zu einem allgemeinen Krieg kommen, der schrecklich sein wird. Bis in die Häuser hinein wird man sich gegenseitig töten und massakrieren.«

Wenn das Chaos so weit gediehen ist, wird plötzlich der Allmächtige eingreifen. In vielen Weissagungen wird der doppelte Charakter des göttlichen Strafgerichts betont. Zuerst kommen die Kriege und Revolutionen und dann die weltweite Katastrophe, die auf Erden alles auslöschen wird ... oder fast alles.

Zuerst einmal läßt Gott die Menschen ihre kriegerischen Leidenschaften ausleben, um ihnen deutlich vor Augen zu halten, was für Ungeheuer sie geworden sind. In der zweiten Phase der Bestrafung wird es dann auf Erden zu einem großen Aufräumen kommen. Gott wird dabei aber nicht »persönlich Hand anlegen«, wie manche sich das immer noch naiverweise ausmalen. Unsere anthropomorphischen Vorstellungen von himmlischer Macht sollten wir ein für allemal über Bord werfen. Vergessen wir die Klischeebilder, die uns zur Erklärung der Sintflut einen Gott zeigen, der mit Rauschebart und aufgeblasenen Backen auf die Erde hinunterspuckt.
Es wird alles viel materieller und physikalischer zugehen, denn Gott wird sich der vier Elemente bedienen: des Wassers, der Erde, der Luft und vor allem des Feuers. Letzteres wird bei der bevorstehenden Zerstörung die größte Rolle spielen.
Die Sibylle von Chaldäa, eine große Seherin der Antike, drohte bereits: »Wenn ihr nicht auf mich hört, wird auf die Erde Feu-

er herniedergehen. Folgende Zeichen werden es euch ankündigen: Bei Sonnenaufgang werden Schwerter zu sehen und ein Donnern und gewaltiger Lärm zu hören sein. Das Feuer wird die ganze Erde verzehren und die ganze menschliche Rasse zerstören, alle Städte, Flüsse und das Meer; es wird alles verbrennen und die Welt in schwarzen Staub verwandeln.«

Wo genau wird dieses Feuer herrühren? Dazu sind mehrere Szenarien denkbar. Selbstverständlich liegt der Gedanke nahe, daß auf dem Höhepunkt eines Weltkriegs Atomwaffen eingesetzt werden. In äußerste Not geratene Staaten könnten darauf verfallen, zu diesem letzten Mittel zu greifen, obwohl es für sie einem Selbstmord gleichkäme, da ein Gegenschlag, ja eine Kettenreaktion, nicht ausbleiben würde.

Vor Jahrhunderten und Aberjahrhunderten verfaßte hinduistische Prophezeiungen weisen in dieser Hinsicht erstaunliche Ahnungen auf. In dem indischen Epos »Ramajana« wird eine »unbekannte Waffe« gesehen, »ein eiserner Donner, ein riesiger Todesbote, der alle Mitglieder des Wrischni- und des Andhaka-Geschlechts zu Asche verbrannte«. Aussehen soll die Waffe wie ein »mit der ganzen Macht des Universums ausgestattetes einziges Geschoß. Ein glühender Rauch, der zehntausend Sonnen glich, stieg glänzend empor.« Nach der Explosion sollen »azurblaue Wolken« am Himmel stehen, die »einem Ei oder einer leuchtenden Kugel« gleichen. Ist das nicht die eindeutige Beschreibung eines Atompilzes?

Ich für mein Teil halte eine Atomkatastrophe keineswegs für ausgeschlossen. Genausowenig wie ein riesiges Erdbeben, »wie ein solches noch nie war, seit Menschen die Erde betraten« (Johannes-Apokalypse). 1992 wurden nicht weniger als 70 Erdbeben gezählt, bei denen Menschen zu Tode kamen: in Kalifornien, Indonesien, Ägypten, Nicaragua ... Dazu kommt noch die vermehrte Vulkantätigkeit. Die Erde grollt schon ... Das in den Weissagungen angekündigte zerstörerische Feuer könnte auch flüssige Lava sein.

Es ist nur zu hoffen, daß das Beben nicht die »bloße« Auswirkung einer noch viel größeren Katastrophe ist, daß also nicht ein Asteroid in die Erdatmosphäre eintritt und den Planeten streift oder gar mit ihm zusammenstößt. Ist nicht da, wo die Propheten die »Anzeichen für das Ende der Zeit« erörtern, von einem allseits sichtbaren Kometen die Rede? Dieser könnte uns allzu nahe kommen, wie auch Nostradamus es vermutet (II, 41):

Sieben Tag' der große Stern wird schimmern,
Im Gewölk' 'ne Doppelsonne blitzt,
In der Nacht der große Hund wird wimmern,
Wenn der Papst verändert seinen Sitz.

Hier läßt uns der große Seher eine wertvolle zeitliche Angabe zukommen: Die zweite Sonne, die auf Erden alles zu verbrennen droht, soll erscheinen, kurz nachdem der von der arabischen Invasion vertriebene Papst Rom verlassen hat.

Ein weiterer Hinweis auf den Kometen findet sich im zweiten Geheimnis der Jungfrau von Fatima: »Wenn ihr eine von großem unbekanntem Licht erhellte Nacht schauen werdet, dann wisset, daß dies ein Zeichen Gottes ist, daß die Bestrafung der Welt nun bevorsteht.« Dem entspricht auch eine Prophezeiung des berühmten italienischen Sehers Vatiguerro: »Man wird am Himmel zahlreiche sehr überraschende Zeichen sehen. Sterne werden aufeinanderprallen und damit das Signal für die große Zerstörung und für die Vernichtung fast aller Menschen geben.« In Beyside im Bundesstaat New York erschien die Heilige Jungfrau der jungen Amerikanerin Veronica: »Die Strafe, die auf die Menschheit herabkommen wird, mein Kind, wird eine große Feuerkugel sein, die über den Himmel schießt und goldene Partikel verspritzt.«

Ein Meteorit als Signal und Werkzeug des göttlichen Zorns ... Wenn einmal der Dritte Weltkrieg tobt, brauchen wir nur noch zu tun, was Nostradamus uns geheißen hat, nämlich auf den Tag zu warten, an dem »im Norden, nicht weit vom Krebs, ein behaarter Komet erscheint«.

Letzten Endes ist es ziemlich unerheblich, welcher Art das Verhängnis nun sein wird. Gewiß aber wird alles sehr schnell gehen. Alle Propheten stimmen darin überein, daß die Katastrophe von kurzer Dauer, aber furchtbar sein wird. Anna-Maria Taigi, eine Nonne vom Trinitarierinnen-Orden, verkündete im 18. Jahrhundert in Italien: »Wer im Augenblick der Geißel aus Neugier sein Fenster öffnet oder zur Tür hinausgeht, der wird auf der Stelle tot umfallen.« Und Padre Pio sprach im Namen Christi: »Ich werde euch ein Zeichen geben, um den Anbeginn des großen Strafgerichts anzuzeigen: in einer kalten Winternacht werde ich es donnern lassen, daß die Berge erzittern werden. Dann schließt eure Fenster und seht nicht hinaus ...«

Die Katastrophe wird allen Kämpfen und Territorialgelüsten ein schlagartiges Ende bereiten. Jeder Eroberungswille wird dahinschwinden, wird von dem großen Unsegen erstickt werden. Die Menschen werden zum Spielball einer ganzen Reihe von Schrecknissen: Flutwellen, Erdbeben, Stein- und Feuerregen, tödliche Gase ... Hören wir, was dazu Sophonias, einer der »Kleinen Propheten« des Alten Testaments, zu sagen hat (1, 15–18):

Ein Tag des Zornes ist jener Tag,
Ein Tag der Angst und Bedrängnis,
Ein Tag des Unwetters und der Verwüstung,
Ein Tag der Düsterkeit und der Finsternis,
Ein Tag der Wolken und des Dunkels,
Ein Tag des Kriegshorns und des Kampfgeschreis
Gegen die befestigten Städte und hochragenden Zinnen.
Da stürze ich die Menschen in Angst,
Daß sie einhergehen wie Blinde,
Denn sie haben wider den Herrn gesündigt.
Ihr Blut wird ausgeschüttet wie Staub,
Ihre Eingeweide wie Kot.
Auch ihr Silber und Gold kann sie nicht retten.

In der dramatisch formulierten Weissagung von Prémol kommt das Entsetzen über diese neuerlichen Naturkatastrophen zum Ausdruck: »O Herr! Hält Euer Arm noch nicht inne? Ist es nicht genug der menschlichen Raserei für so viele rauchende Ruinen? Müssen die Elemente noch Eurem Zorne dienen? Haltet ein, o Herr, haltet ein! Eure Städte zerstören sich von selbst.«

Und tatsächlich wird den meisten Großstädten der Gnadenstoß versetzt werden. Und vor allem Paris ... Der Fürst Hohenlohe, der prophetische Visionen hatte, schrieb 1828 in einem Brief: »Paris wird zerstört werden; das Feuer, das auf Sodom und Gomorrha gefallen ist, wird auch über Paris kommen, und zur Vernichtung der Stadt wird der Himmel sich mit der Erde verbünden; Paris wird in einem Schwefelregen ertrinken, und überall werden sich lauter Abgründe auftun.«

»Die Hauptstadt wird von den Flammen verzehrt werden«, heißt es auch bei der heiligen Odilia.

1846 erschien dem fünfzehnjährigen Hirtenmädchen Mélanie Calvat in La Salette die Muttergottes. Zum fünfzigsten Jahrestag dieses Ereignisses machte die Frau eine Reise nach Paris. Als sie am Seineufer entlangspazierte, überkam sie plötzlich eine Vision, die sie ihrer Begleiterin anvertraute: »Sehen Sie die Seine? Wenn Sie wüßten, wie viele Menschen einmal hierherkommen und dort hineingeworfen werden! Dabei werden die meisten nicht einmal hineingeworfen – obwohl sicher auch das geschehen wird –, sondern sich in panischer Angst selbst hineinstürzen, auf der Flucht vor dem Feuer über der Stadt! Wahnsinnig vor Entsetzen werden sie hineinspringen und glauben, dem drohenden Feuer auf diese Weise entgehen zu können!«

Auf die Flammen wird die Finsternis folgen. Die große Katastrophe wird die Erde in eine vollkommene Dunkelheit tauchen, die laut der Heiligen Schrift drei Tage und drei Nächte dauern wird. »Der Lichter Glanz wird verlöschen«, heißt es bei Zacharias. Auch bei Christi Tod am Kreuze verfinsterte sich die Sonne, und es war drei Stunden lang dunkel.

Die drei lichtlosen Tage gehen wohl auf die ungeheure Masse der in die Atmosphäre geschleuderten Partikel zurück. Es sei denn, sie rühren – wie ich bereits angedeutet habe – von einer Erdachsenverschiebung her, die durch den Aufprall eines

Asteroiden bewirkt werden könnte. In unserer Hemisphäre würde dadurch die Sonne unsichtbar, während der australische und der asiatische Kontinent einer unbarmherzigen Strahlung ausgesetzt wären. Auf eine solche Achsenverschiebung weist auch Nostradamus hin:

Früh und spät euch großer Wechsel berührt,
Von furchtbaren Schrecken die Bezeigung,
Wenn der Mond von seinem Engel geführt,
Der Himmel sich nähert seiner Neigung.

Jedenfalls werden diese drei Tage der Finsternis unabhängig von ihrem Ursprung die schlimmste aller Prüfungen sein. Werden die Menschen, die den Krieg und die Erschütterungen der Erde überlebt haben, körperlich und seelisch noch stark genug sein, um die schier vom Himmel sich ergießende Angst zu ertragen? Viele werden es nicht aushalten, im Dunkeln das Wimmern der Sterbenden zu vernehmen.

Eindringlich geschildert wird dieser Moment, in dem die Welt und die menschliche Vernunft Schiffbruch erleiden, in der »Völuspa«, einem etwa im 9. Jahrhundert verfaßten Lied der nordischen Mythologie:

Die Berge stürzen ein,
Die Menschen tasten sich zur Hölle,
Und der Himmel tut sich auf,
Die Sonne verfinstert sich,
Die Erde wird vom Meer verschlungen,
Die Sterne zittern in der Himmelshöhe,
Brüder werden ihre Brüder töten,

Eltern ihre eigenen Eltern,
Verdorben wird die Welt sein,
Der Mensch bricht zusammen, vom Menschen erschlagen.

Zu welchem Verhalten wird uns nun in den heiligen Schriften und den Weissagungen geraten? »Geht in die Felsenhöhlen«, steht im Alten Testament, »und in die Schlupfwinkel der Erde.« Die Kanonisse Hrotsvit von Gandersheim beschreibt die dann herrschenden Lebensbedingungen folgendermaßen: »Sie werden wie Maulwürfe Löcher in die Erde graben, während in der Luft sich Todesdunst verbreiten wird.«

Eigentlich wird es sinnlos sein, entkommen zu wollen. In der Johannes-Apokalypse steht, daß nur 144 000 Gerechte, die der Herr vor der Heimsuchung der Erde auf ihren Stirnen bezeichnet hat, im letzten Augenblick gerettet werden. In dem unbeschreiblichen Chaos, das auf das Feuer und die Nacht folgt, werden aber erst einmal die Überlebenden – mit Ausnahme der Gerechten – noch durch tausend Prüfungen gehen müssen und gemäß ihren Taten bestraft werden. »Wer unsere Zeichen als Lügen hingestellt hat, wird schmachvolle Folter erleiden«, heißt es im Koran (23. Sure). »Wer in der Ferne weilt, wird durch die Pest sterben, wer in der Nähe ist, wird durch das Schwert fallen, und wer übrig ist und bewahrt bleibt vor Pest und Schwert, kommt durch den Hunger um; meinen Grimm entlade ich an ihnen«, spricht der Herr im Buch Ezechiel (6, 12). Und ebenfalls bei Ezechiel (7, 16–19) steht: »Entkommen von ihnen Fliehende, so verweilen sie auf den Bergen wie Tauben der Täler; sie alle klagen, ein jeder ob seiner Schuld. Alle Hände erschlaffen, und alle Knie triefen von Wasser. Sie gürten sich Trauerkleider um, und Schrecken bedeckt sie; auf allen Gesichtern ist Scham, und kahl sind ihre Häupter. Ihr Silber werfen sie auf die Gassen, und ihr Gold gilt ihnen als Unflat: ihren Hunger können sie damit nicht stillen und ihren Bauch nicht füllen.«

Auch bei dem Propheten Isaias sind nach den drei Tagen der Finsternis die Qualen der Menschheit noch nicht zu Ende: »Deshalb schwinden die Bewohner der Erde, nur wenige Menschen bleiben zurück. Denn so wird es sein auf der Erde unter den Völkern, wie beim Olivenabklopfen, wie bei der Nachlese, wenn die Ernte vorbei ist. Ich aber sprach: Verderben mir, Verderben mir! Wehe mir! Abtrünnige handeln treulos, Treulosigkeit üben Abtrünnige. Grauen, Grube und Garn über euch, Bewohner der Erde! Es wird geschehen: Wer dem Grauen entrinnt, fällt in die Grube, wer aus der Grube hinaufsteigt, verfängt sich im Garn.«

Was für eine Art von Menschheit wird auf Erden fortbestehen? Die im »Linga-Purana« beschriebene hat nicht mehr viel »Menschliches« an sich: »Die Menschen werden sich in einem Blutrausch gegenseitig umbringen. Am Ende werden einzelne Gruppen übrigbleiben, die sich gegenseitig töten werden, um sich zu bestehlen. In ihrer Verwirrung werden die Männer ihre Frauen und Häuser verlassen. Sie werden ohne Gesetz, ohne Scham, ohne Liebe sein. Sie werden von Wurzeln und Früchten leben und sich mit Rinden, Blättern und Fellen kleiden. Geld werden sie keines mehr benützen. Sie werden hungern, erkranken und verzweifeln.«

Die Menschen werden zu Kannibalen verkommen. Diese furchtbare Gewißheit habe ich durch die Visionen erlangt, die die vierundzwanzig Greise mich schauen ließen, bevor sie mich zu meiner letzten Inkarnation auf die Erde zurückschickten. Die Prophezeiungen des Nostradamus liefern leider eine Bestätigung dieser Bilder. In einem bereits zitierten Vierzeiler heißt es, die Hungersnot werde so groß sein, daß man Kinder der Mutterbrust entreißen werde, um sie zu verzehren. Und im 75. Vierzeiler der II. Centurie steht, daß »der Mensch zum Menschenfresser wird«.

Am weitesten in der Darstellung des menschlichen Niedergangs geht die Weissagung von Prémol: »Die Verdorbenheit nahm ständig zu, die Menschen verwandelten sich in Kriechtiere und badeten und lebten in schlammigen Gewässern.«

Vom Krieg zwischen Nationen oder Religionen wird dann keine Rede mehr sein. Jeder wird in einer gesetzlosen, sittenlosen Welt ums nackte Überleben kämpfen. Diese Epoche physischer und psychischer Not schildert uns Amos: »Siehe, es kommen Tage, da sende ich Hunger ins Land, nicht Hunger nach Brot, nicht Durst nach Wasser, sondern nach dem Hören des Gotteswortes. Sie werden irren von Meer zu Meer, von Norden nach Osten; sie schweifen umher auf der Suche nach dem Wort des Herrn, doch sie finden es nicht.«

Diesen Zustand völliger Verwirrung wird sich eine charismatische Figur zunutze machen und die gesamte Erde unterjochen: der Antichrist!

Ich weiß, daß ich mit dieser Behauptung im Widerspruch zu so ziemlich allen »offiziellen« chronologischen Angaben über das Ende unserer Zeit stehe. Meine etwas eigenwillige Version wird mir wohl heftige Kritik von den Vertretern orthodoxer Endzeitlehren einbringen. Diesen nämlich gilt, daß der Antichrist erst nach dem großen Monarchen und dem großen Papst erscheint, die im Erdenleben wieder Harmonie herstellen werden.

Mir dagegen will ein solcher zeitlicher Ablauf nicht einleuchten. Ich kann mir nicht vorstellen, wie das vortreffliche Tun jener beiden Wesen, also des zeitlichen und des geistigen Herrschers, dem Bösen Tür und Tor öffnen sollte. Wenn es dem großen Monarchen gelingt, der Unordnung Herr zu werden und auf Erden wieder herzlicheren Gefühlen Raum zu schaffen, dann kann er doch nicht plötzlich den üblen Absichten des Antichrists weichen müssen!

Daß aber eine in geschickter Verkleidung auftretende und sich anfangs als »Retter« gebärdende, starke, ja sogar satanische Gestalt bei den in barbarischen Clans zusammengeschlossenen Überlebenden Erfolgschancen hat, ist durchaus vorstellbar. Unter solchen Seelen wird der Antichrist reiche Ernte halten. Wasser auf meine Mühle ist auch der 84. Vierzeiler der I. Centurie des Nostradamus:

Luna wird in finst're Nacht sich hüllen (die Tage der Finsternis),
Wenn ihr Bruder rot vorüber fährt,
Lang der Große (der Antichrist) sich in Dunkel hüllen,
Tauchen in die blut'ge Wund' das Schwert.

Wann genau wird er kommen? Bei einer Aussage darüber ist Vorsicht angebracht. Dürfen wir den vielzitierten Versen aus dem 72. Vierzeiler der X. Centurie Glauben schenken?

Im Jahre neunzehnhundertneunzig neun
Kommt vom Himm'l ein großer Schreckenskönig.

Mit dem Schreckenskönig könnte sowohl der den Tag des Herrn ankündigende Komet als auch der Antichrist gemeint sein. Folgt man meiner Sicht der Dinge, so ist diese Frage nicht von entscheidender Bedeutung, da beide Erscheinungen etwa gleichzeitig auftreten werden. 1999 . . . Bis dahin ist es nicht mehr weit. Kann das Ende unserer Zeit so schnell kommen? Umgedreht ergibt 1999 jedenfalls 6661, also die Zahl des Tieres in Opposition zum göttlichen Einen.

Es heißt, daß der Antichrist zum Zeitpunkt seines Erscheinens 33 Jahre alt sein soll – so alt also wie Jesus am Kreuze. Demnach wäre der Gegenspieler Christi heute schon auf der Welt ...

In meinen Meditationen habe ich das Gesicht eines in London lebenden jungen Mannes gesehen, der mit seinen »magischen« Kräften in allerhöchsten Kreisen Verblüffung auslöst. Sein Einfluß und sein Vermögen wachsen beständig an. Die negativen Wellen, die von ihm ausgehen, sind die stärksten, die ich je wahrgenommen habe. Ist er nur ein außerordentlich talentierter Zauberer oder aber tatsächlich der Antichrist, der im verborgenen auf seine Stunde wartet? Oft lese ich den geheimnisvollen 76. Vierzeiler der VIII. Centurie, in dem Nostradamus schreibt:

Schlächter mehr als Kön'g in Engelland
Raubt das Reich an dunklem Ort geboren,
Feig ohn' Glaub'n und Treu schröpft er das Land,
Und im Augenblick ist er verloren.

Trotz der eindringlichen Visionen, die sich mir offenbart haben, werde ich mich hüten, für das Ende unseres Zeitalters ein genaues Datum vorherzusagen oder zu behaupten, dieser oder jener sei der Antichrist. Interessanter scheint mir die Frage, welcher Art der Antichrist in Wirklichkeit sein wird. Wird es ein einfacher Sterblicher sein oder das metaphysische Bild des Bösen? Sein wahres, zu Beginn seiner Herrschaft jedoch verheimlichtes Ziel wird es sein, die Botschaft Christi zu tilgen. Er wird die letzte Verkörperung des Tieres der Apokalypse sein, dieses symbolischen Ungeheuers, das mit allen Mitteln versucht, das Wort Satans zu verbreiten.

Das aus dem Chaos hervorgegangene Tier wird sich lange engelhaft geben. Der Antichrist wird die Massen hinreißen und ihnen als ein von der Vorsehung geschickter Mann erscheinen. Allen Prophezeiungen nach wird er unter dem Vorwand, die Erde retten zu wollen, allen Feindseligkeiten ein Ende bereiten. In Wirklichkeit jedoch wird er alle, die sich ihm anschließen, ins Verderben stürzen. Und es werden sich ihm viele anschließen, denn er wird sich auf zahlreiche Verführungskünste verstehen. Mit seiner berückenden Schönheit, seinem scharfen Intellekt und seinem Charisma wird er überall als großer Vermittler auftreten und sich allseitiger Zustimmung erfreuen, auch von seiten der Gläubigen. Denn der »Sohn der Verdammnis«, wie der heilige Paulus ihn nennt, wird sich als Mann der Kirche und des Gebets ausgeben.

Sogar Wunder wird er vollbringen. Die Sibylle von Tibur sagte zur Zeit des Urchristentums über den Antichrist: »Durch seine magischen Opfer wird er viele zu täuschen vermögen, die auf den Klang seiner Stimme hin vom Himmel Feuer regnen sehen.« Es wird den Anschein haben, als bringe er Blitze, Donner und Hagel hervor, als könne er Berge niederreißen und Flüsse umleiten. Er wird auch Anstalten machen, Behinderte zu heilen, Dämonen auszutreiben und manchmal auch Tote wieder zum Leben zu erwecken.

Er wird die Quintessenz jener falschen Magier sein, von denen es heute nur so wimmelt. Wenn man sich den Erfolg ansieht, den diese »Wundertäter« in unserer heutigen, durchstrukturierten Welt haben, dann kann man sich leicht vorstellen, wie eine mit bösen Kräften ausgestattete Ausnahmeerscheinung Macht über die verwirrten Horden gewinnt, die gerade den drei Tagen der Finsternis entronnen sind.

Es wird dem Antichrist also gelingen, die Reste der Menschheit und ihrer Anführer in seinen Bann zu schlagen. Und er wird um so mehr Zulauf haben, je verführerischer seine Predigten klingen werden. Ein Mann der Kirche ist er schon, doch einer Kirche, die nur Vergnügen und Götzendienst kennt. »Ihr könnt tun, was euch beliebt«, legt ihm die heilige Hildegard in den Mund. »Ihr braucht nicht mehr zu fasten, sondern nur mich zu lieben, der ich euer einziger Gott bin.«

So werden seine Verehrer alles Geistige von sich weisen, um nur noch der Leichtlebigkeit zu frönen. Und der Antichrist wird der Welt sein politisches und soziales Gesetz auferlegen. Er wird als erster einen weltweiten Einheitslohn einführen, was ihm angesichts des Erdenzustands allgemeinen Beifall eintragen wird.

Dann erst, nämlich wenn er seine Machtentfaltung beendet hat, wird der Antichrist mit offenen Karten spielen. Und die Leute werden merken, daß es ihm einzig und allein darum ging, die Welt in seine unheilvolle Hand zu bringen. Dann wird er endlich als Anti-Christ erscheinen, als Anti-Großmut und Anti-Liebe. »Gewaltig ist seine Kraft«, heißt es bei Daniel (8, 24–25), »und ungeheures Verderben stiftet er an. Mit Erfolg vollführt er es; Mächtige richtet er zugrunde, sogar das Volk der Heiligen. Wegen seiner Schlauheit hat er Erfolg mit seinen Täuschungsversuchen.«

Durch Korruption, durch Wunder und vor allem durch eine Schreckensherrschaft wird es ihm gelingen, sich an der Macht zu halten. Wer sich gegen ihn auflehnt, wird dafür mit dem Tode büßen müssen.

Der Mönch Adson schrieb 954 an die Königin Gerberga, die Gattin des französischen Königs Ludwig IV.: »Diese fürchterlichen Leiden werden dreieinhalb Jahre dauern, die zweiundvierzig Monate der Apokalypse.«

Zweiundvierzig Monate, tausendzweihundertsechzig Tage: so lange gibt auch der heilige Johannes den beiden Zeugen, die die Heilige Stadt zertreten sollen, um sich der Macht des Tieres entgegenzustellen. Diese beiden Zeugen sind Reinkarnationen von Henoch und Elias, dem Patriarchen und dem Propheten, denen gemeinsam ist, daß sie einst in den Himmel kamen, ohne vorher gestorben zu sein. Henoch verfügt über ungeheure Kräfte, während Elias ein lichtstrahlender junger Mann ist.

Die beiden Zeugen werden sich gegen den Antichrist erheben, ohne ihn jedoch unmittelbar besiegen zu können. Sie werden in der Stadt Rom getötet werden, die der Antichrist wieder aufgebaut hat, um sie zum Sitz seiner weltweiten Herrschaft zu machen. Ihre Leichen werden liegenbleiben und den Blicken der Leute ausgesetzt sein.

Doch mit diesem letzten Verbrechen hat der Antichrist sein Todesurteil unterschrieben. Die heilige Hildegard erzählt uns sein Ende: »Wenn der Sohn der Verdammnis all seine Vorhaben verwirklicht hat, wird er seine Anhänger um sich scharen und ihnen sagen, er wolle nun in den Himmel hinauf. Während dieser Himmelfahrt wird ein Blitz ihn niederstrecken und ihn töten. Außerdem wird der Berg, von dem aus er zum Himmel empor wollte, augenblicklich in eine Wolke gehüllt sein, von der ein unerträglicher und wahrhaft höllischer Gestank ausgehen wird, und da werden beim Anblick der mit Fäulnis bedeckten Leiche vielen Menschen die Augen aufgehen, und sie werden ihren furchtbaren Irrtum einsehen.«

Ist das echte Wunder, das in der Vernichtung des Antichrists besteht, ein Zeichen göttlichen Erbarmens? Vermutlich. Die Menschheit scheint am Ende der Schmach und des Leides, aber auch des Strafgerichts angekommen zu sein. Und übrigbleiben die Gerechten. Die 144 000 Gerechten der Johannes-Apokalypse (oder auch mehr oder weniger; das kommt auf jeden einzelnen von uns an). Um ihretwillen beschließt Gott, dem ungeheuren Strafgericht ein Ende zu bereiten. Wie heißt es doch im Matthäus-Evangelium (24, 22): »Und würden jene Tage nicht abgekürzt werden, würde kein Mensch gerettet werden; doch um der Auserwählten willen werden abgekürzt werden jene Tage.«

Die furchtbaren Leiden, von denen hier die Rede gewesen ist, sollen zu »einem neuen Himmel, einer neuen Erde« führen. Ich habe diesem Kapitel einen Vers von Nostradamus vorangestellt: »Dann wird die Fischerbarke untergehen ...« Nach dieser langen Prüfung ist das Zeitalter der Fische zu Ende. »Trauer und Klage und Mühsal wird nicht mehr sein«, frohlockt der heilige Johannes am Schluß der Apokalypse, »denn das Frühere ist vergangen.«

VON EINEM ZEITALTER
INS ANDERE

DIE AUSERWÄHLTEN

Nach dem Wüten des Sturmes wird ein feiner, tröstlicher Regen auf die Erde herabströmen. Auf das Posaunentönen und das himmlische Lärmen wird besänftigende Stille folgen. Die großen apokalyptischen Leiden werden dank Gottes Hilfe endlich zu Ende sein. Der Antichrist wird niedergestreckt sein, das Tier »in den Feuer- und Schwefelsee geworfen« und Satan gefesselt.

Der Tod des Antichrists wird unter den Menschen erst einmal große Verwirrung stiften, denn nach dem Zusammenbruch des politischen Systems und der falschen Moral, die er begründet hatte, wird sich eine beängstigende Leere einstellen.

Doch wird diese letzte Prüfung nur von kurzer Dauer sein. Dann nämlich erscheint ein wahrhafter Retter in der Person des großen Monarchen, der in allen Endzeitvorstellungen vorkommt, jedoch – wie bereits erwähnt – seltsamerweise stets vor dem Antichrist. Ich habe bereits die Gründe dafür angegeben, warum ich mich dieser Auffassung nicht anzuschließen vermag. Nach meinem Dafürhalten kann der Antichrist nicht auf die beiden Gestalten folgen, die den Geist Gottes auf die Erde zurückbringen: der Pontifex Maximus und der große Monarch.

Dieser König wird traditionellerweise mit der Farbe Weiß in Verbindung gebracht, die zugleich für das Ende der Nacht und den heraufziehenden Tag steht. Da das Weiße sowohl

Tod als auch Wiedergeburt bedeutet, ist es die ideale Farbe für einen Übergang: die Herrschaft des großen Monarchen schließt das Zeitalter der Fische ab und eröffnet die Wassermann-Ära.

Hrabanus Maurus, Erzbischof von Mainz und Berater Ludwigs des Frommen, kündigte im 4. Jahrhundert das Erscheinen des großen Monarchen mit folgenden Worten an: »Gegen das Ende der Zeit wird ein Abkömmling der fränkischen Könige seine Herrschaft über alles errichten, was einmal das Römische Reich gewesen ist; er wird der größte und letzte aller Könige sein.« Ähnliches klingt beim heiligen Remigius von Reims an, der vorhersagt, der große König werde »wie durch ein Wunder erscheinen und vom Blute der alten Kappe sein«.

Handelt es sich also um einen Nachkommen der französischen Könige und insbesondere des Kapetinger-Geschlechts? Darauf haben zwar zahlreiche Exegeten geschlossen, doch ich für meinen Teil wäre da etwas vorsichtiger. Diese Hypothese hört sich zu sehr nach monarchistischen Bestrebungen an, als daß ich ihr zustimmen könnte. Der Gedanke der Abstammung an sich erscheint mir dagegen hochinteressant: Der große Monarch wird uns als der Erbe einer Jahrhunderte oder gar Jahrtausende währenden Tradition vorgestellt. Hat nicht schon Hrabanus Maurus lediglich wiederholt, was schon lange vor ihm der heilige Augustinus (354–430) geschrieben hatte? Man kann noch weiter zurückgehen, denn bevor Augustinus auf die Figur des großen Monarchen einging, merkte er an, daß er dabei nur eine alte Tradition aufgreife: »Einige unserer Gelehrten sagen, daß einmal ein fränkischer König über das römische Reich herrschen werde.«

Nostradamus hingegen ist der Ansicht, daß der große Monarch aus dem Osten kommen wird. Vor allem aber (75. Vierzeiler, X. Centurie) deutet er an, daß dessen Erbe esoterischer Natur sein wird:

Der Ersehnte kehrt nimmer wieder,
In Europ', in Asien erscheint
Eines von groß' Hermes Bundesgliedern,
Orients Kön'ge dagegen klein.

Mit Hermes ist natürlich Hermes Trismegistos gemeint, der Autor des »Corpus Hermeticum«, in dessen Abhandlungen ägyptische Wissenschaft und neuplatonische Philosophie eine Synthese eingehen, wobei der Kosmos als lebendiges Wesen bezeichnet wird, dem der Mensch gleichwesentlich sei. Der große Monarch wäre somit in der langen Reihe der Erben der esoterischen Tradition zu sehen.

Ich bin nämlich überzeugt, daß trotz aller apokalyptischen Zerstörungen die lange in Ägypten und Mesopotamien aufbewahrten Geheimnisse der Atlanter niemals verlorengehen werden. Im Gegenteil! Das neue Zeitalter, das nach dem Tod des Antichrists beginnt, wird seine Geistigkeit aus der Wiederentdeckung dieser heiligen Kenntnisse schöpfen. Das wird auch in der »Völuspa« vorhergesagt, der großen kosmologischen Schrift der nordischen Völker: »Inmitten der Natur werden die Menschen die goldenen Tafeln finden, die herrlichen Tafeln, die in Urzeiten ihre Vorfahren besessen hatten.« Ob er nun aus Europa kommt oder aus dem Osten: der große Monarch wird in erster Linie ein großer Eingeweihter sein.

Da er über uraltes Wissen verfügt, wird er ein mustergültiger Herrscher sein. In der Weissagung von Prémol wird uns sein

Aufstieg zum Ruhm geschildert: »Und ich sah aus dem Osten einen außerordentlichen jungen Mann kommen, der auf einem Löwen ritt; er hielt ein blitzendes Schwert in der Hand, und ein Hahn krähte vor ihm. Wo er vorüberkam, verneigten die Völker sich vor ihm.« Der Löwe ist das Symbol der Herrschermacht, aber auch der Weisheit und der Gerechtigkeit. Und das funkelnde Schwert deutet weniger auf Kriegslust hin als vielmehr auf die Eroberung des Wissens.

Denn mehr noch als ein Kämpfer wird der große Monarch der Erlöser und Einiger aller Überlebenden sein. Und profitieren wird von seiner Herrschaft eine von allen Prophezeiungen angekündigte Gestalt: der Pontifex Maximus, der große Papst. Auf die Apokalypse wird nämlich die Versöhnung des Irdischen mit dem Geistigen folgen. Und verneigen werden sich die Völker vor dem großen Monarchen deswegen , weil – so die Weissagung von Prémol – »in ihm der Geist Gottes war. Er ging zu den Ruinen Zions und legte seine Hand in die Hand des Papstes.« Und beim heiligen Cäsarius heißt es hoffnungsfroh: »In seelischem Gleichklang werden die beiden die Erneuerung der Welt bewirken.«

Das hat aber nun nichts zu tun mit dem unglückseligen Ineinandergreifen staatlicher und kirchlicher Autorität, mit dem jahrhundertelang das Volk unmündig gemacht wurde. Die früheren Könige vermitteln einem nämlich nur eine klägliche Vorstellung von der unfehlbaren Führerschaft, die einmal der große Monarch ausüben wird, so wie auch die Päpste der katholischen Kirche nur armselige Karikaturen des künftigen Pontifex Maximus sind.

Unter dessen Antrieb wird nämlich die zu neuem Leben erwachende Menschheit eine Wiedererstehung der wahren Kirche erleben. Es wird eine neue, sich auf das Urchristentum zurückbesinnende Kirche entstehen. Dann wird es ein Ende haben mit all der Frömmelei, den auferlegten Dogmen und mit der vatikanischen Protzerei, die geradezu ein Hohn auf das Armutsgelübde der ersten Christen ist. Der große Papst wird voller Demut sein. Christus ging barfuß und besaß nur ein einfaches Wollgewand; er trug keinen Goldschmuck und aß aus Kalebassen oder irdenem Geschirr. Genauso wird zu Anbeginn der Wassermann-Kirche aller Prunk einer großen Schlichtheit weichen.

Diese außerordentliche Erneuerung des Christentums wurde im 19. Jahrhundert von dem französischen Staats- und Geschichtsphilosophen Joseph de Maistre vorhergesagt: »Nicht zu einer Modernisierung der Kirche wird es kommen, sondern zu einer neuen Form der ewigen Religion, die sich zum Christentum so verhält wie dieses zum Judaismus.« Mit einer Zeitenwende muß auch ein Religionswechsel einhergehen. Auf den Widder folgten die Fische, auf die Fische folgt der Wassermann.

Herkömmlicherweise wird das Zeichen des Wassermanns durch einen Mann dargestellt, der auf der Schulter beziehungsweise unter dem Arm eine Amphore trägt. Dieses Symbol findet sich auch im Lukas-Evangelium (22, 10): »Es wird euch einer begegnen, der einen Wasserkrug trägt; folgt ihm«, spricht Jesus zu den Aposteln, die ihn fragen, wo sie das Passahlamm bereiten sollen, das auch ihre letzte Mahlzeit vor Jesu Gefangennahme und Kreuzigung sein wird. Das Passahfest wird zum Gedenken an den Auszug der Juden aus Ägypten gefeiert. Bevor im Land der Pharaonen alle Erstgeburten getötet wurden, hatten die Israeliten ein Lamm geschlachtet und mit seinem

Blut ihre Türpfosten bestrichen, auf daß der Herr ihre Häuser verschone. Das Passahfest steht synonym für einen in Leid vollzogenen Übergang: den Gang der Israeliten aus der Sklaverei in die Freiheit und den Weg Christi vom Tode zur Auferstehung. Daß Lukas den Amphorenträger erwähnt, der die Apostel zum Passahmahl leitet, kann auch als Parabel aufgefaßt werden: Vielleicht ist damit der inmitten apokalyptischer Leiden erfolgende Übergang der Auserwählten in das Zeitalter des Wassermanns gemeint.

»Die Erde wird mit Frieden erfüllt sein, so wie ein Gefäß mit Wasser gefüllt sein kann«, heißt es nach islamischer Tradition. »Die Eintracht wird weltweit sein.« Steht dieses Gefäß voller Wasser nicht wiederum für die Amphore des Wassermanns? Die lange unterdrückte ökumenische Bestimmung des Christentums wird sich voll entfalten. Der Pontifex Maximus wird das Wunder vollbringen, alle Religionen zu einen. »Es wird nur eine Herde sein, ein Hirt«, steht im Johannes-Evangelium geschrieben (10, 16). Der gleiche Geist Gottes wird in allen Menschen gegenwärtig sein: »Ich werde ausgießen von meinem Geist über alles Fleisch«, heißt es in der Apostelgeschichte (2, 17). »In allen Teilen der Erde werden die Menschen sich wieder erinnern und sich zu ihm bekehren«, prophezeit Isaias. Damit wird endlich eine universelle Kirche der Liebe sein.

Reibungsloses Miteinander von Staatlichkeit und Glauben, Verschmelzen der verschiedenen Religionen ... Die Menschheit wird ins Millennium eintreten, in einen Zyklus des Friedens und der Geistigkeit. Mit dem Begriff Millennium ist nicht notwendigerweise ein Zeitraum von tausend Jahren gemeint, wie von manchen behauptet wird, sondern eine lange, ruhmreiche Periode der Erfülltheit, die sich über das Zeitalter des Wassermanns erstreckt, in dem Satan gefesselt bleibt.

Die Menschen werden in die Vierte Vibrationsebene aufgestiegen sein. Das bedeutet nicht, daß wir vollkommen »geistig« sein werden, sondern vielmehr, daß wir in ein Evolutionsstadium gelangt sein werden, in dem wir das nötige Gleichgewicht zwischen Rationalität und Spiritualität, zwischen Materie und Geist, leichter aufrechterhalten können. Die Zivilisation des Wassermannzeitalters wird gedanklich anders strukturiert sein. Unsere Beziehungen zu den anderen und zur ganzen Welt werden sich gewandelt haben.

Nach dem Toben des apokalyptischen Orkans und der Ausmerzung der niedrigsten und schwärzesten Gedanken wird die Natur wieder jungfräulich sein. Sie wird sich mit der Wissenschaft versöhnen, die nicht mehr der mitunter zerstörerische Despot sein wird, den wir heute kennen. Nach der Wiederentdeckung der atlantischen Geheimnisse werden sich die Wissenschaftler gänzlich in den Dienst der Menschen stellen und es an Respekt vor unserer Mutter Gaia nicht mehr fehlen lassen. Das kommt aber keinem Rückschritt in ein primitives Zeitalter gleich, sondern das Millennium wird ganz im Gegenteil eine hochentwickelte Zivilisation hervorbringen, deren »sanfte« Technologien das Ökosystem nicht beeinträchtigen.

Die Beziehungen zu unseren Mitmenschen werden sich in ähnlicher Weise entwickeln. Der Wassermann ist das Zeichen des Dahinfließens und der Brüderlichkeit. Die moralischen Gebote, die uns heute noch als ferne Ideale gelten – »Liebe deinen Nächsten wie dich selbst« –, werden Selbstverständlichkeiten sein. Gegenseitige Achtung, Verständnis für die Bestrebungen der anderen, Zusammengehörigkeitsgefühl, Hilfsbereitschaft:

das werden die Werte sein, die auf der Vierten Vibrationsebene vorherrschen. Isaias sieht diese idyllische Welt so (65, 25): »Wolf und Lamm werden einträchtig weiden, und der Löwe frißt Stroh wie das Rind; die Schlange aber ernährt sich vom Staub. Man wird nichts Böses und nichts Verderbliches tun auf meinem heiligen Berg.«

Wie die neue Gesellschaft des Wassermannzeitalters im einzelnen aufgebaut und äußerlich beschaffen sein wird, können wir nur erahnen. In meinen Meditationen habe ich prächtige Bauten aus weißem Marmor gesehen, mit Gold gepflasterte Straßen – Gold wird nämlich dann keinen Handelswert mehr besitzen –, und ich habe Menschen gesehen, die alle, ob Männer oder Frauen, mit der gleichen einfachen und bequemen Art von Tunika gekleidet waren. Es sind dies paradiesische Bilder, wie man sie in allen Endzeitprophezeiungen findet, und insbesondere in der Beschreibung des neuen Jerusalems in der Johannes-Apokalypse: »Die Grundgesteine der Mauer der Stadt sind geschmückt mit aller Art Edelgestein: der erste Grundstein ein Jaspis, der zweite ein Saphir, der dritte ein Chalzedon, der vierte ein Smaragd, der fünfte ein Sardonyx, der sechste ein Sardion, der siebente ein Chrysolith, der achte ein Beryll, der neunte ein Topas, der zehnte ein Chrysopras, der elfte ein Hyazinth, der zwölfte ein Amethyst. Die zwölf Tore sind zwölf Perlen, jedes Tor aus einer einzigen Perle. Der Platz der Stadt ist lauteres Gold, klar und hell wie Kristall.«

Die Menschheit wird dann ihren Weg weitergehen. Bestimmt wird sie noch andere Zyklen erleben, noch weitere platonische Jahre. Und in unendlich ferner Zukunft wird die Parusie kommen, die glorreiche Rückkehr Christi, die in den Evangelien so oft verkündet wird. Verkündet und herbeigefleht: »Komm, Herr Jesus!« heißt es in den letzten Zeilen der Johannes-Apokalypse.

Meiner Ansicht nach wird die Parusie nicht »schlicht und einfach« die Rückkehr Jesu sein. Es muß eine Progression geben, eine Evolution, einen Weg zu Gott hin. Die ersten Menschen waren Polytheisten: Moses war dann der Begründer einer monotheistischen Religion. Die Götter wurden früher als Naturelemente oder als Tiere dargestellt: die jüdische Religion hat daraus einen Gott gemacht, den man nicht mehr benennen oder beschreiben kann, ohne ein Sakrileg zu begehen. »Ich bin der, der ist«, spricht der Herr. Der ursprüngliche Gott war rachsüchtig: dann ging er mit den Menschen einen Bund ein. Das Wassermannzeitalter und das Millennium werden eine neue Etappe bilden, in der der Mensch über das heilige Wissen verfügen wird und die göttlichen Wege finden kann. Die Parusie wird die Apotheose sein, die Verschmelzung mit dem himmlischen Licht, der Aufstieg in die Siebte Vibrationsebene.

Dann kommt es zu dem, was wir uns gewöhnlich unter dem Weltuntergang vorstellen. »Der Himmel wird verschwinden wie ein Buch, das eingerollt wird«, heißt es bei Johannes. Auf den Urknall, den Big Bang, wird ein Bang Big folgen. »Ich bin das Alpha und das Omega«, spricht der Herr in der Apokalypse. Diese letzte Apokalypse wird die höchste Offenbarung sein, bei der alle kosmischen Energien eins werden mit dem großen Ganzen.

Doch wie sollen wir den Gedanken der Parusie fassen können, wenn uns bereits als ein Ding der Unmöglichkeit erscheint, daß einmal ein großer aufgeklärter Monarch und ein ökumenischer Papst kommen sollen! Es fällt schwer, auf eine weltweite Zivilisation der Brüderlichkeit zu hoffen, wenn man Tag für Tag die Brutalität von Diktaturen und den Zynismus unserer Möchtegern-Demokratien mit ansehen muß. Demokratien, in denen man nicht einmal davor zurückschreckt, die eigenen Bürger mit verseuchtem Blut zu infizieren, und wo militärischen Einsätzen zur Erreichung strategischer oder wirtschaftlicher Ziele ein humanitäres Deckmäntelchen umgehängt wird.

Wie ungeheuer weit sind wir doch von der großen Versöhnung des Wassermannzeitalters noch entfernt! Welche unglaubliche Katastrophe werden wir ertragen müssen, damit ein solch gewaltiges Umdenken stattfinden und ein neues goldenes Zeitalter anbrechen kann? Wenn wir nämlich nicht die nötigen Maßnahmen treffen, damit dieser Übergang sich sanft vollzieht, dann gibt es nur noch eine Lösung: Unsere Zivilisation muß in Trümmer zerfallen.

Ob wir wollen oder nicht: Der Wechsel ins Wassermannzeitalter wird kommen, denn er ist im Kosmos festgeschrieben. In ein oder zwei Jahrzehnten wird ein neuer »Monat« des platonischen Jahres beginnen, der Fischer wird seinen Sack abstellen und der junge Wassermann zur Welt kommen. Wann dies genau der Fall sein wird, läßt sich nicht exakt sagen, doch dürfte die Spanne zwischen 2005 und 2030 liegen. Jedenfalls ist dieser Wechsel nicht von unserem Wünschen und Wollen abhängig, sondern eine Tatsache, die unausweichlich eintreten wird.

Je weiter jedoch die Menschheit von dem Weg abweicht, den sie eigentlich einschlagen sollte, um so schonungsloser wird der uns auferlegte Wandel sich vollziehen. Je mehr wir uns taub

stellen, wenn Gaia uns zum Aufstieg in die Vierte Vibrationsebene aufruft, um so unfähiger werden wir sein, ohne größeren
Schaden den Sprung zu tun, der uns in das neue Zeitalter
führen soll.

Daß unsere Chancen dabei nicht allzu gut stehen, rührt von der
bereits erwähnten allgemeinen Apathie her, für die es zahlreiche Beispiele gibt. Von manchen, denen der Status quo zum
Vorteil gereicht, wird der Ernst der Lage sogar rundweg ge-
leugnet. Diese ungläubigen Geister ziehen alle Weissagungen
ins Lächerliche. Sie schlagen sich auf die Schenkel und behaupten: »Nichts von alledem wird eintreffen!« Im zweiten Petrusbrief (3, 3–7) werden wir vor diesen Lästerern gewarnt:

*Wisset vor allem aber dies: in den letzten Tagen werden Spötter auftreten,
die voll Hohn ihren eigenen Lüsten nachgehen und sagen: »Wo ist die Verheißung seiner Wiederkunft? Seitdem die Väter entschliefen, bleibt ja alles so wie seit Anfang der Schöpfung!« Die dies behaupten, übersehen
nämlich, daß schon einmal ein Himmel war und eine Erde, die kraft des
Gotteswortes aus Wasser und durch Wasser Bestand hatte, und daß inzwischen die damalige Welt, vom Wasser überschwemmt, zugrunde ging.
Der Himmel und die Erde aber, so wie sie jetzt sind, werden durch das-
selbe Wort aufgespart für das Feuer und bewahrt für den Tag des Ge-
richtes und des Unterganges der gottlosen Menschen.*

Diese nämlich schlagen alle Warnung in den Wind, leben nur
in den Tag hinein und raffen an sich, was sie nur können. Was
kümmert uns morgen: Nach uns die Sintflut! »Sie sagen: Es gibt
kein anderes Leben als das jetzige«, rügt der Koran in der 45. Sure. Doch wenn es soweit ist, werden sie zugrunde gehen, »denn

sie haben die Zeichen Gottes zum Gegenstand ihrer Spöttelei-
en gemacht, und das irdische Leben hat sie verblendet.«

Andere wiederum rühren keinen Finger, weil sie von panischer
Angst geplagt sind. Sie sehen die überall drohenden Gefahren,
reagieren aber nicht richtig darauf. Sie verkrampfen sich und
sind nur noch darauf aus, mit Zähnen und Klauen ihr eigenes
Revier zu verteidigen. So klammern sie sich an materielle Be-
sitztümer, als hofften sie sie ins Grab mitnehmen zu können.
Die Angst ist oft ein schlechter Ratgeber. Und dann ist es ja so,
daß in dieser immer schnellebigeren Zeit unsere Instinkte
leicht überreagieren und uns in ein bedenkliches Fahrwasser
bringen. Die Furchtsamen sind sich der Gefahren durchaus bewußt, merken jedoch nicht, daß sie in ihrer Aufregung Angst-
wellen ausstrahlen, durch die die negativen Strömungen, die
die Erde bereits belasten, noch verstärkt werden. So tragen diese Menschen ihr Scherflein zu der Aggressivität und dem
Wahnsinn bei, durch die sie mit noch größerer Sicherheit auf
die Katastrophe zusteuern.

Der letzte Grund für die Apathie ist die Resignation. Wenn ich
ein schauriges – wenn auch, so glaube ich, vollkommen richti-
ges – Bild der Weltlage zeichne und die furchtbaren Qualen
schildere, die uns vielleicht erwarten, dann weiß ich, daß ich
damit das Risiko eingehe, bei so manchem ein Gefühl der
Hoffnungslosigkeit auszulösen. Wissen aber diese Leute nicht,
daß es zum Handeln nicht unbedingt der Hoffnung auf sofortige handfeste Ergebnisse bedarf? Vermutlich wissen sie es
nicht, denn sie geben es auf zu reagieren.

Und das ist genau die Einstellung, gegen die ich ankämpfe! Ich
benütze nämlich die Aufzählung der apokalytischen Leiden
nicht wie ein Prediger, der seine Schäfchen in Angst und

Schrecken versetzen und damit fügsam machen will. Mein Ziel ist es vielmehr, bei jedermann einen heilsamen Schock auszulösen. Dabei ist mir aber klar, daß nach diesen Einsichten in die Apokalypse mancher versucht sein wird, sich in sein Schicksal zu fügen, da seine Ohnmacht angesichts einer planetenweiten Katastrophe ihn niederdrückt. Eine solche Haltung wäre aber ein fataler Irrtum! Sonst könnte sich nämlich die Menschheit gerade in dem Augenblick, in dem sie sich eigentlich intensiv um ihr Überleben kümmern müßte, in eine riesige Viehherde verwandeln, die sich zum Schlachthof führen läßt ...

Sorglosigkeit, Erstarrung oder Kapitulation . . . Jedes dieser schuldhaften Verhalten läßt einen Faktor unberücksichtigt: Wir sind nicht einfach nur Zeugen dieses Endes der Zivilisation, wir sind auch Mitwirkende! Jeder von uns ist Teil dieser Welt, ist unzertrennbar mit ihr verbunden, und wir können uns unter keinen Umständen von unserer Mitverantwortung lossprechen. Das Schicksal der Menschheit ist nicht etwas völlig Abstraktes, das wir einigen Politikern überlassen können, denn diese schielen leider besorgter auf den nächsten Wahltermin als auf den Termin der Endzeit. Wir können noch auf unser Schicksal einwirken, sowohl individuell als auch kollektiv. Denn selbst wenn auch schon höchste Eile geboten ist, verfügen wir immer noch über unseren freien Willen. Zu jedem Zeitpunkt unseres Lebens und auch dann, wenn wir den größten Schwierigkeiten gegenüberstehen, haben wir die Möglichkeit, Entscheidungen zu treffen. Erinnern wir uns nur an das, was wir über die Symbolhaftigkeit des Apfels bei Adam und Eva gesagt haben. Heute können wir uns für künstliche Paradiese entscheiden, für einen billigen Okkultismus oder für Hellsichtigkeit und positives Handeln. Unser freier Wille läßt uns noch die Möglichkeit, das Steuer herumzureißen und die selbstmörderischen Tendenzen unserer Zivilisation zu korrigieren.

Was aber sollen wir tun? Die allererste Notwendigkeit ist ... beten. Lukas (21, 36) bittet uns inständig darum: »Wachet also und betet zu jeder Zeit, damit ihr imstande seid, all dem zu entrinnen, was kommen kann.« Was kommen »kann«, schreibt er, denn der Mensch hat noch sein Wörtchen zu sagen.

Die drängendsten Aufforderungen zum Gebet kommen seit etwa zwei Jahrhunderten von der Jungfrau Maria. »Betet, aber betet viel!« fleht sie 1933 bei ihrer Erscheinung in dem belgischen Dörfchen Beauraing. »Es wird so wenig gebetet!« spricht sie 1965 in San Damiano bewegt. »Wenn nicht gebetet wird, dann werden zahlreiche schlimme Plagen kommen.«

Aber schon höre ich die Stimmen der Spötter: Was soll denn zur Rettung der Welt ein Gebet ausrichten? Es muß also betont werden, daß Beten nicht bedeutet, daß man eine Abfolge auswendig gelernter Worte herleiert. Es nützt nichts, mechanisch den Rosenkranz herunterzubeten: ein Vaterunser bei jeder großen Kugel und ein Ave-Maria bei jeder kleinen ... Das Gebet kommt für mich einer Bewußtseinsöffnung gleich, einem Horchen auf die Welt und die Mitmenschen. Beten heißt aufgehen in einem Zustand reiner Hochherzigkeit, heißt sich selbst schenken. Es ist ein Weiterwerden, ein Entspannen, ein freudiges Sich-Ausliefern an die göttliche Großzügigkeit. Beten heißt auch, die Wirklichkeit deutlicher wahrzunehmen, sich nicht mehr abzukapseln, sondern auf alle zuzugehen, die leiden.

Und schließlich ist Beten ein Anruf des Ganzen, eine Kontakt-aufnahme mit der kosmischen Energie, von der alles durch-strömt wird. Ich lebe in dem beständigen Gefühl, daß meine Umwelt und die Zellansammlung, aus der ich bestehe, von ei-nem ungeheuren Denken geschaffen wurden, das zugleich in mir und außer mir wohnt, das aber vor allem ein Liebesdenken ist. Beim Meditieren teile ich dieser schöpferischen Kraft mit, daß ich ihr meine Existenz zu verdanken habe. Ich werde mir bewußt, daß alle Menschen auf diesem Planeten vom gleichen Stoff sind wie ich, daß wir wie die Wassertropfen sind, aus de-nen sich der Ozean zusammensetzt. Ich »muß« praktisch den anderen lieben, der auf mich zukommt, denn unsere Herkunft und unser Wesensgehalt sind identisch.

Seit jeher werde ich mißtrauisch, wenn lautstark ein »Recht aufs Anderssein« eingefordert wird. Nein, wir sind nicht jeder anders, wir sind alle unseresgleichen, ohne Rücksicht auf Al-ters-, Klassen- oder Rassenunterschiede. Der andere, das bin immer auch ich selbst. Gewiß wird das »Recht aufs Anders-sein« meist in der besten Absicht vertreten, doch dürfen wir nicht vergessen, daß im Namen dieses Unterschieds auch zwi-schenmenschliche Schranken aufgebaut werden, daß Haß und Fremdenfeindlichkeit sich daraus nähren. Und dienen solche Unterschiede nicht auch zur Rechtfertigung von Gettoarmut, ethnischer Balkanisierung, Frauenunterdrückung und Ableh-nung von Mischehen?

Wer betet, geht hingegen auf den andern zu. Es ist dies eine grundlegende Einstellung, die sich nicht in vollmundigen Stel-lungnahmen erschöpft, sondern in den einfachen Gesten des Lebens sichtbar wird: in der für jedermann geöffneten Tür, in der gleichen Achtung für Schwache und Mächtige, im Lächeln, das einem Unbekannten geschenkt wird, in einer stets wachen Neugier und in der Hand, die man einem weinenden Kind hinstreckt. Diese Liebe, die uns erschaffen hat, muß sich wie eine Aura ausbreiten, muß um uns herum erstrahlen. Das Leben ist die Freude, deren Schwingungen ich überall wahrnehme. Und je mehr ich gebe, um so mehr empfange ich auch.

So aufgefaßt ist Meditation nie etwas Egoistisches. Wer betet, betet für die Menschheit, für die anderen und damit – aber erst auf diesem Umweg – für sich selbst. Wer betet, löst positive Wellen aus, die die Finsternis verjagen. Wenn alle Erdbewohner auf diese Weise einen Tag lang gemeinsam beteten, dann könnten bestimmt alle bisher erwähnten Katastrophen vermieden oder zumindest erheblich entschärft werden. Das können Sie nicht glauben? Aber wie sollten sich denn die Menschen noch einmal aneinander oder an den lebenspendenden Elementen vergreifen können, wenn sich wirklich alle zusammen ihrer vollständigen Osmose bewußt würden? Ein Traum? Sind die Menschen bereit, sich auf diese weltweite Gemeinschaft einzulassen? Eine gewisse Hoffnung darauf läßt die Marienerscheinung zu, die 1948 im bretonischen Kerizinen beobachtet wurde: »Wenn bald die Historiker nach dem Ereignis fahnden werden, das die Welt verändert und ihr zu Frieden und Wohlstand verholfen hat, dann werden sie entdecken, daß nicht eine Schlacht die Ursache dafür war, sondern ein Gebet.« Dieser zutiefst mystische Aufruf zu inbrünstigem Gebet bedeutet aber nicht, daß man alles aufgeben und sich einer rein meditativen Lebensweise befleißigen müsse. Wir würden lediglich nach einer zu einseitigen Hinwendung an materielle Güter das Ungleichgewicht nach der anderen Seite hin verlagern. Jahrhundertelang haben wir dem Materiellen gegenüber dem Geistigen den Vorzug gegeben, dem rationalen Denken gegenüber dem Empfindungsvermögen. Das hat zum Raubbau an der Natur, zu Körperkult und Besitzgier geführt. Heute müssen wir unbedingt einen Kurswechsel vornehmen. Dabei dürfen wir aber nicht allzu jäh auf einen geistigen Lebenswandel zusteuern, denn sonst verfallen wir nur von einem Extrem ins andere und werden zur leichten Beute der Gurus und falschen Propheten, auf deren unseliges Wirken wir schon eingegangen sind.

Unkontrollierter Mystizismus löst nicht selten schädlichen und vor allem wirkungslosen Hochmut aus. Bleiben wir lieber mit den Füßen auf unserer Erde und akzeptieren wir unser Menschsein und unser Minimum an materiellen Bedürfnissen. Anstatt zum Beispiel ein Armutsgelübde abzulegen, um uns nur noch den anderen zu widmen, sollten wir einfach stets zum Geben bereit sein. Die Reichen sind nicht automatisch vom Kreis der Gerechten ausgeschlossen, sofern nur »in ihrem Reichtum ein Teil für den Bettler und den Unglücklichen enthalten ist« (21. Sure des Korans).

Worum wir uns also bemühen müssen, ist ein Ausgleich zwischen dem Materiellen und dem Geistigen, zwischen Körper und Seele. Denn ohne eine harmonische Entwicklung dieser beiden komplementären Prinzipien können wir nicht in die Vierte Vibrationsebene aufsteigen.

Die gewaltigen Erschütterungen, von denen der Zeitenwechsel begleitet sein wird, liegen aber wie gesagt hinsichtlich ihres Ausmaßes in den Händen unseres freien Willens. Es ist noch nicht alles verloren, und selbst wenn es nicht zu dem universellen Gebet kommt, durch das sich ein »Wunder« ereignen könnte – denn ein Wunder wäre das tatsächlich–, sehe ich allenthalben Grund zur Hoffnung. Sowohl im individuellen Bereich als auch auf Regierungsebene ist ein Bewußtseinswandel im Gange. Überall ist ein Bemühen erkennbar, eine »neue Großzügigkeit«. Natürlich gibt es auch Berufsmeckerer, die an keiner Initiative ein gutes Haar lassen können. So wurde an Fernsehshows, in denen für einen guten Zweck Geld gesammelt wird, in letzter Zeit bemängelt, die Barmherzigkeit verkomme darin zum Medienspektakel; darüber soll aber doch bitte nicht vergessen werden, wieviel Nächstenliebe darin auch zum Ausdruck kommt!

Des weiteren habe ich erfahren, daß sich hier und da Gebetsgruppen bilden. Menschen kommen zusammen, um für andere zu beten, für Kranke, für Verwandte, Freunde oder gänzlich Unbekannte, und auch für das Heil der Welt. In Klöstern wird das zwar seit jeher so praktiziert, doch das ermutigende Zeichen ist, daß sich zum gemeinsamen Gebet nun auch Leute zusammenfinden, die »mitten im Leben stehen«.

Auch in den Köpfen der Verantwortlichen hat sich in den letzten zehn oder zwanzig Jahren einiges getan. Die Mahnungen von Wissenschaftlern und Umweltschützern sind endlich auch von Politikern und Diplomaten vernommen worden. Protokolle, Konferenzen, Abkommen: allmählich geht man bei Umweltschutz und Abrüstung von bloßen Absichtserklärungen zu konkreten Maßnahmen über. Zwar versucht man das Übel reichlich spät zu kurieren, und ein Heilerfolg ist keineswegs garantiert, aber zumindest setzt die Behandlung endlich ein. Wir haben begriffen, daß jede andere Haltung unweigerlich in den Abgrund führen muß. Wissenschaftler, Intellektuelle und Geistliche bemühen sich um die Formulierung einer neuen Ethik, die nicht mehr auf der Ausbeutung von Natur und Mensch gründen soll. Man hat sich dabei zur lobenswerten Aufgabe gemacht, den Umweltschutz im weitesten Sinne des Wortes mit der notwendigen technischen Weiterentwicklung in Einklang zu bringen.

Im religiösen Bereich schließlich kommt es zu zaghaften, aber dennoch vielversprechenden Begegnungen zwischen den Oberhäuptern der verschiedenen Konfessionen.

Das Weiterwerden, das wir im Gebet erfahren, nehme ich auch in der zunehmenden Internationalisierung des Bewußtseins wahr, die sich trotz nationaler Widerstände durchzusetzen beginnt. Immer mehr Menschen sprechen von der »Einen Welt« und sehen die ganze Erde als ihre Heimat an. Auf einer Konferenz von Staats- und Regierungschefs in Den Haag im Jahre 1989 wurde diese Einsicht in einem Statement zusammengefaßt, das nicht der unfreiwilligen Komik entbehrt: »Da die Probleme globaler Natur sind, können ihre Lösungen nur auf weltweiter Ebene erarbeitet werden.« Der Soziologe Edgar Morin ist der Ansicht, daß »wir an einem historischen Moment angekommen sind, an dem die Einheit der Gattung Mensch zu einer grundlegenden Notwendigkeit geworden ist. Wenn der Menschheit die Herstellung dieser Einheit nicht gelingt, wird sie sicher Gefahr laufen, sich selbst zu zerstören.«

Überall höre ich, daß wie eine neue Wahrheit verkündet wird, was doch eines der Grundprinzipien der Esoterik ist: Die Welt ist ein Ganzes, jeder Teil davon ist in diesem Ganzen und das Ganze in jedem Teil. Diese Einstellung hat beachtliche Konsequenzen: sie bedeutet nämlich, daß alle Erscheinungen als voneinander abhängig betrachtet werden müssen. Wir wissen nunmehr, daß es kein »anderswo« mehr gibt: Wir können zum

Beispiel unsere radioaktiven oder chemischen Abfälle nicht mehr bei unserem Nachbarn abladen, weil sie damit so gut wie bei uns selbst sind.

Unter diesem Gesichtspunkt beginnt man die Beziehungen zwischen reichen und armen Ländern in einem neuen Licht zu sehen. Die Industriestaaten begreifen allmählich, daß sie die Entwicklungsländer nicht länger ausbeuten können, ohne sich auf eine Retourkutsche gefaßt machen zu müssen: stabilitätsgefährdende Einwanderung, Sozialkonflikte, Umweltdesaster, kriegerische Anwandlungen. Die Staatschefs und die internationalen Organisationen sehen nun den direkten Zusammenhang zwischen Entwicklung und Frieden. Auch dies eine positive Folge der Ausweitung des Bewußtseins.

In allen Bereichen und auf allen Ebenen sehen wir also ein neues Denken und neue Verhaltensweisen am Werke. Dennoch sollten wir uns nicht zu früh freuen. Die im Laufe dieses Buches aufgeführten Gefahren sind zu erheblich, als daß sie so schnell aus der Welt geschafft werden könnten. Zumal es ja auch bei der Umsetzung der neuen Einsichten oft genug hapert. Ein Beispiel unter vielen: Vor einigen Jahren riefen die Vereinten Nationen alle Länder dazu auf, ein Prozent ihres Bruttosozialprodukts für Entwicklungshilfe aufzuwenden; mit Ausnahme von Schweden ist noch kein einziger Staat dieser Verpflichtung nachgekommen ...

Vorschneller Optimismus ist also nicht angebracht. Unsere Zivilisation ist wahrscheinlich zu weit ins Negative abgedriftet, als daß der Übergang ins Wassermannzeitalter sich sanft vollziehen könnte. Sagen wir lieber so, daß wir das Ganze nur noch abfedern können.

Doch wie schlimm die Prüfung auch immer ausfallen mag: Mit was für einem Verhalten kann jeder einzelne von uns darauf reagieren? Mir erscheint es am besten, wenn wir alles einfach hinnehmen, was nicht bedeutet, daß wir resignieren sollen. »Begebt euch unter den Schutz meiner Mutter«, sprach Christus durch die Person des Padre Pio. »Was ihr auch immer sehen oder hören mögt: verzaget nicht ... Zweifelt nicht an eurer Erlösung! Ich werde euch vor jeglicher Gefahr bewahren, wenn ihr Vertrauen in meine Liebe habt.«

Wenn wir einmal in unserem Bestreben, besser und uneigennütziger zu werden, um in eine höhere Vibrationsebene zu gelangen, unser möglichstes getan haben, was bleibt uns dann tatsächlich noch anderes übrig, als uns voller Zuversicht dem göttlichen Willen zu überlassen?

In der Johannes-Apokalypse steht, daß gerettet wird, wessen Stirn bezeichnet sein wird. Dieser Gedanke findet sich auch im Lukas-Evangelium (17, 33–36): »Wer sein Leben zu bewahren versucht, wird es verlieren; und wer es verliert, wird es als Leben gewinnen. Ich sage euch: In jener Nacht werden zwei sein auf einem Lager: der eine wird hinweggenommen, der andere zurückgelassen werden. Zwei werden zusammen mahlen: die eine wird hinweggenommen, die andere zurückgelassen werden.« Tun wir also alles, um zu denen zu gehören, die die göttliche Nachsicht erfahren werden. Wenn es uns aber an der Größe oder der Kraft fehlt, uns zu bessern; wenn es uns also mit unserem freien Willen nicht gelingt, den engen Weg der heiligmachenden Schwierigkeit zu wählen, dann wählen wir ganz einfach Gott! Die beste Art, von seinem freien Willen Gebrauch zu machen, besteht meiner Ansicht nach darin, »loszulassen«: »Dein Wille geschehe!« heißt es in unseren Gebeten.

Wenn wir uns vollkommen dem Fluß der göttlichen Energie überlassen, dann haben wir eine Chance, zu den aus Chaos und Qual erretteten Gerechten zu zählen. Wie viele werden es sein? Der Johannes-Apokalypse nach 144 000. Doch hängt es nur von uns ab, ob es nicht mehr sein werden. Uns ist eine herrliche Gelegenheit gegeben: Die Kraft der kosmischen Vibrationen in der Endphase des Kali-Yuga wirkt nämlich wie ein Zeitbeschleuniger. Die Menschen haben die Möglichkeit, ihr Bewußtsein viel schneller zu entwickeln als früher. Die Suche nach dem Wissen, die früher ein ganzes Leben oder gar mehrere Leben andauerte, kann heute in Form einer beinahe augenblicklichen Offenbarung erfolgen. »Eure Söhne und Töchter werden weissagen«, steht in der Bibel, »eure Greise werden Träume haben und eure jungen Leute Visionen.«

Auserwählt wird sein, wer in diese übersinnliche Welt eine Brücke zu schlagen vermag. Ist etwa das Siegel, mit dem laut Johannes die Auserwählten an der Stirn bezeichnet werden, nichts anderes als das sechste Chakra der Hindu-Tradition? Jenes Zeichen markiert die Stelle, an der die kosmische Energie fließt, die am Scheitel durch den »tausendblättrigen Lotus« eintritt. Dessen Öffnung aber entspricht der Offenbarung des universellen Bewußtseins.

Zu den Gerechten zählen wird also nicht, wer buchstabengetreu einen von Menschen erdachten strengen Moralkodex befolgt, sondern wer einen Grad an Geistigkeit erreicht hat, durch den er das Göttliche in allen Dingen zu erkennen vermag, und wer das Gebet nicht mehr nur als ein Sprechen in Liebe ansieht, sondern als ein Handeln in Liebe.

Je mehr Menschen dieses Stadium erreichen, um so erträglicher werden die apokalyptischen Qualen ausfallen. Wir dürfen schließlich nicht vergessen, daß Gott kein Rächer ist, der aus sadistischer oder kindischer Freude seine Schöpfung zerstören will. Das Ausmaß seiner »Strafe« übersteigt nicht unsere Schuld. Mehr noch: Er wird aus Erbarmen mit den Gerechten unsere Leiden verkürzen. Das apokalyptische Unheil wird also mit genau der Gewalt über uns hereinbrechen, die wir ihm verleihen werden! Da der Antichrist lediglich der Katalysator unserer negativen Energien ist, wird er nur so viel Macht über uns haben, wie er aus uns schöpfen kann. Tun wir also das Unsere, um seine Kräfte möglichst in Grenzen zu halten, und dann wird dieser Zyklus unter den günstigsten Umständen zu Ende gehen: die weltweiten Katastrophen könnten sich dann zu »leichten« Erschütterungen wandeln.

An der ganzen Menschheitsgeschichte gemessen, ist die Apokalypse nur eine Etappe und noch nicht das große Strafgericht. Ich kann und will nicht glauben, daß Gott die Welt erschaffen habe, um sie dann in eine zerstörerische Sackgasse zu führen oder ein Rachegefühl zu befriedigen. Der Herr ist Erbarmen. Und die Apokalypse ist die Offenbarung vom Werden der Menschheit und von ihrem langen Aufstieg zum Licht. Jedesmal wenn die Menschen diese Wahrheit vergessen, laufen sie Gefahr, hart zurechtgewiesen zu werden. Seit allem Anbeginn an befindet sich die Menschheit auf einer langen Reise, die wir vor dem letzten Entzücken nicht unterbrechen dürfen. »Ich bin das Alpha und das Omega«, spricht der Herr am Ende von Johannes' prophetischem Buch. »Der Erste und der Letzte, der Anfang und das Ende. Selig, die ihre Kleider waschen! Sie sollen Anrecht erhalten auf den Baum des Lebens und durch die Tore eingehen in die Stadt.«

Das Wesentliche ist die Überzeugung, daß das Schlimmste

noch zu verhindern ist. Und wenn es der Menschheit durch rechtzeitige – also sofortige! – Umkehr gelänge, in das Wassermannzeitalter ohne weltweite Katastrophe einzugehen, würde sie sich damit ihrer selbst und ihres Schöpfers würdig erweisen.

LITERATUR

»Anthologie de la Poésie nordíque ancienne.« Übersetzt von Renauld-Kranz. Unesco-Gallimard, Paris, 1964.

D'ARES, Jacques: »Encyclopédie de l'ésotérisme.« Edition du Jour, J.-P. Delarge, Paris, 1976.

»Atlantis«, Nr. 364, Winter 1991: »Où en sommes-nous de la fin des temps?«

AUCLAIR, Raoul: »La fin des temps, le nouveau livre des cycles.« Librairie Fayard, Paris, 1973.

– »Kerizinen, apparitions en Bretagne.« Nouvelles Editions latines, Paris, 1968.

BELLECOUR, Elizabeth: »Nostradamus trahi.« Gefolgt vom vollständigen Originaltext der zehn Centurien. Editions Robert Laffont, Paris, 1981.

»Die Bibel.« Nach den Grundtexten übersetzt und herausgegeben von Prof. Dr. Vinzenz Hamp, Prof. Dr. Meinrad Stenzel und Prof. Dr. Josef Kürzinger. Pattloch, Aschaffenburg, 1962.

BÖHME, Jakob: »Die Urschriften. Zwei Bände.« Hrsg. von Buddecke, Werner. Stuttgart, Fromann-Holzboog-Verlag 1963 und 1966.

– »Aurora. Oder Morgenröte im Aufgang.« Hrsg. von W. Gerhard. Frankfurt a. M., Insel-Verlag 1992.

BOKHARI, El: »Les Traditions islamiques.« Übersetzt von O. Houdas. Paris, 1914.

BRICON, Edouard: »Recueil de prédictions depuis le seizième siècle jusqu'à la consommation des temps.« Librairie catholique Edouard Bricon, Paris, 1830.

CARNAC, Pierre: » Le monde commence à Bimini.« Editions Robert Laffont, Paris, 1973.

– »Prophéties et prophètes de tous les temps.« Editions Pygmalion, Paris, 1991.

CERBELAUD-SALAGNAC, Georges: »Fatima et notre temps.« Editions France-Empire, 1967.

CHARPENTIER, Josane: »Le livre des prophéties.« Editions Astra, Paris, 1982.

CHARROUX, Robert: » Histoire inconnue des hommes depuis cent mille ans.« Laffont, Paris, 1963.

COLIN-SIMARD, Annette: »Les Apparitions de la Vierge.« Librairie Fayard, Paris, 1981.

»Le Coran.« Übersetzt von Kazimirski. Edition Bordas, Paris, 1991.

DHORME, Edouard: »Les religions de Babylonie et d'Assyrie.« Paris, 1949.

DORESSE, J.: »Les Livres secrets des gnostiques d'Egypte.« Paris, 1958.

DUMEZIL, Georges: »Les Dieux indos-européens.« PUF, Paris, 1957.

ELIADE, Mircea: »Le Mythe de l'Eternel Retour.« Editions Gallimard, Paris, 1969.

– »La Nostalgie des origines.« Gallimard, Paris, 1971.

– »Traité d'histoire des religions.« Payot, Paris, 1949.

FERRY, Luc: »Le Nouvel ordre écologique.« Editions Grasset & Fasquelle, Paris, 1992.

FESTUGIERES, A. J.: »La révélation de Hermès Trismégiste.« Les Belles Lettres, Paris, 1983.

FROSSARD, André: »Le parti de Dieu, Lettre aux Evêques.« Librairie Fayard, Paris, 1992.

GABRIEL, Jean: »Présence de la Très Sainte Vierge à San Damiano.« Nouvelles Editions latines, 1957.

GIEBEL, Josef: »Prophéties face à la science.« Editions Sand, 1983.

GOLDSMITH, Edward; HILDYARD, Nicholas: »Rapport sur la Planète Terre.« Editions Stock, 1990.

GRAVELAINE, Joëlle de: »Prédictions et Prophéties.« Librairie Hachette, Paris, 1965.

GUENON, René: »Formes traditionnelles et cycles cosmiques.« Gallimard, Paris, 1970.

– »Introduction générale à l'étude des doctrines hindoues.« Vega, 1921.

HUTIN, Serge: »Les Civilisations inconnues.« Librairie Fayard, Paris, 1961.

KOECHLIN DE BIZEMONT, Dorothée: »Prophéties d'Edgar Cayce.« Editions du Rocher, Monaco, 1989.

KRAMER, S. N.: »L'Histoire commence à Sumer.« Librairie Arthaud, Paris, 1975.

KRAVELIC, S.: »Les Apparitions de Mejdugorje.« Paris, 1988.

LACARRIERE, Jacques: »En suivant les dieux.« Philippe Lebaud Editeur, Paris, 1984.

LE COUR, Paul: »L'Ere du Verseau.« Dervy–Livres, Paris, 1980.

LE COUR, Paul; D'ARES, Jacques; TODERICIU, Doru: »L'Atlantique atlantide.« Atlantis, Vincennes, 1971.

– »La légende immémoriale du dieü Shiva, le Shiva-Purana.« Aus dem Sanskrit übersetzt von Tara Michaël. Editions Gallimard, Paris, 1991.

LE HIDEC, Max: »Les Secrets de La Salette.« Nouvelles Editions Latines, 1969.

LIPOVETSKY, Gilles: »L'Ere du vide. Essais sur l'individualisme contemporain.« Editions Gallimard, Paris, 1985.

MAXENCE, Jean-Luc: »La Mystérieuse prophétie de saint Malachie.« Oswald, Paris, 1979.

MURAISE, Eric: »Histoire et légende du grand monarque.« Albin Michel, Paris, 1976.

NIEL, Fernand: »La Civilisation des mégalithes.« Plon, Paris, 1970.

NOSTRADAMUS: »Das Schicksalsbuch der Weltgeschichte.« Übersetzt von Eduard Rösch. Herausgegeben von Dr. W. Faber. Johannes Baum Verlag, Pfullingen, 1922.

PHAURE, Jean: »Le Cycle de l'Humanité Adamique.« Dervy–Livres, Paris, 1988.

PLATON: »Timaios. Kritias.« Nach der Übersetzung von Friedrich Schleiermacher und Hieronymus Müller. Rowohlt, Hamburg, 1959.

Pochan, André: »L'Enigme de la grande pyramide.« Laffont, Paris, 1971.

ROSTAND, Jean: »Inquiétudes d'un biologiste.« Stock, Paris, 1967.

ROUDENE, Alex: »Les Prophéties, vérité ou mensonge?« Les Editions de l'Athanor, Paris, 1976.

SANCHEZ-VENTURA Y PASCUAL, F.: »Marie annonce la fin des temps.« Nouvelles Editions latines, 1969.

»Science et Avenir.« Nr. 584, Oktober 1992, »26 septembre 2000, la collision? Les fins du monde.«

VOLBEN; A.: »Nostradamus und die großen Weissagungen.« Langen Müller, München, 1992.

Knaur®

Astrologie

Walther Howe

Aszendent und Persönlichkeit

Esoterik

(4219)

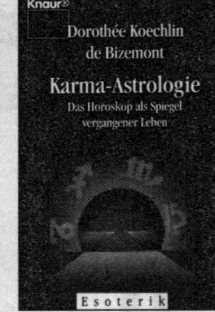

Dorothée Koechlin de Bizemont

Karma-Astrologie

Das Horoskop als Spiegel vergangener Leben

Esoterik

(4131)

Theodora Lau

Das große Buch der chinesischen Astrologie

Wie der Mond Charakter und Schicksal in den verschiedenen Tierkreiszeichen prägt

Esoterik

(4112)

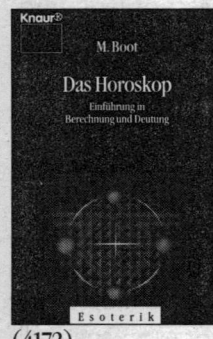

M. Boot

Das Horoskop

Einführung in Berechnung und Deutung

Esoterik

(4172)

Wolfgang Reinicke

Praktische Astrologie

So stellen Sie Ihr Horoskop selbst

Esoterik

(86039)

Sine Schindler

Kleiner astrologischer Erziehungsberater

Esoterik

(86058)